TRANZLATY

Sprache ist für alle da

Язык для всех

Das Kommunistische Manifest

Манифест Коммунистической партии

Karl Marx
&
Friedrich Engels

Deutsch / Русский

Einleitung

Знакомство

Ein Gespenst geht um in Europa – das Gespenst des Kommunismus

Призрак бродит по Европе — призрак коммунизма

Alle Mächte des alten Europa sind eine heilige Allianz eingegangen, um dieses Gespenst auszutreiben

Все державы старой Европы вступили в священный союз, чтобы изгнать этот призрак

Papst und Zaren, Metternich und Guizot, französische Radikale und deutsche Polizeispione

Папа и царь, Меттерних и Гизо, французские радикалы и немецкие полицейские-шпионы

Wo ist die Oppositionspartei, die von ihren Gegnern an der Macht nicht als kommunistisch verschrien wurde?

Где та оппозиционная партия, которая не была осуждена своими оппонентами у власти как коммунистическая?

Wo ist die Opposition, die nicht den Brandvorwurf des Kommunismus gegen die fortgeschritteneren Oppositionsparteien zurückgeschleudert hat?

Где та оппозиция, которая не отбросила бы клеймо коммунизма в адрес более передовых оппозиционных партий?

Und wo ist die Partei, die den Vorwurf nicht gegen ihre reaktionären Gegner erhoben hat?

И где та партия, которая не выдвинула обвинения против своих реакционных противников?

Aus dieser Tatsache ergeben sich zweierlei

Из этого факта вытекают две вещи

I. Der Kommunismus wird bereits von allen europäischen Mächten als eine Macht anerkannt

I. Коммунизм уже признан всеми европейскими державами в качестве державы

II. Es ist höchste Zeit, dass die Kommunisten ihre Ansichten, Ziele und Tendenzen offen vor der ganzen Welt offenlegen

II. Коммунистам давно пора открыто, перед лицом всего мира, обнародовать свои взгляды, цели и тенденции

sie müssen diesem Kindermärchen vom Gespenst des Kommunismus mit einem Manifest der Partei selbst begegnen

они должны встретить эту детскую сказку о призраке коммунизма манифестом самой партии

Zu diesem Zweck haben sich Kommunisten verschiedener Nationalitäten in London versammelt und folgendes Manifest entworfen

С этой целью коммунисты разных национальностей собрались в Лондоне и набросали следующий манифест

Dieses Manifest wird in deutscher, englischer, französischer, italienischer, flämischer und dänischer Sprache veröffentlicht

Этот манифест должен быть опубликован на английском, французском, немецком, итальянском, фламандском и датском языках

Und jetzt soll es in allen Sprachen veröffentlicht werden, die Tranzlaty anbietet

И теперь она будет издана на всех языках, которые предлагает Tranzlaty

Bourgeois und Proletarier

Буржуа и пролетарии

Die Geschichte aller bisherigen Gesellschaften ist die Geschichte der Klassenkämpfe

История всех существовавших до сих пор обществ есть история классовой борьбы

Freier und Sklave, Patrizier und Plebejer, Herr und Leibeigener, Zunftmeister und Geselle

Свободный человек и раб, патриций и плебей, господин и крепостной, мастер гильдии и подмастерье

mit einem Wort, Unterdrücker und Unterdrückte

Одним словом, угнетатель и угнетенный

Diese sozialen Klassen standen in ständiger Opposition zueinander

Эти социальные классы находились в постоянном противостоянии друг с другом

Sie führten einen ununterbrochenen Kampf. Jetzt versteckt, jetzt offen

Они вели непрерывную борьбу. То скрытый, то открытый

Ein Kampf, der entweder in einer revolutionären Rekonstitution der Gesellschaft als Ganzes endete

борьба, которая закончилась революционным переустройством общества в целом

oder ein Kampf, der im gemeinsamen Ruin der streitenden Klassen endete

или борьба, закончившаяся общим разорением борющихся классов

Blicken wir zurück auf die früheren Epochen der Geschichte

Обратимся к более ранним эпохам истории

Wir finden fast überall eine komplizierte Einteilung der Gesellschaft in verschiedene Ordnungen

Почти всюду мы находим сложное устройство общества на различные порядки

Es gab schon immer eine mannigfaltige Abstufung des sozialen Ranges

Всегда существовала многообразная градация социального ранга

Im alten Rom gibt es Patrizier, Ritter, Plebejer, Sklaven

В Древнем Риме были патриции, рыцари, плебеи, рабы

im Mittelalter: Feudalherren, Vasallen, Zunftmeister, Gesellen, Lehrlinge, Leibeigene

в средние века: феодалы, вассалы, цеховые мастера, подмастерья, подмастерья, крепостные

In fast allen diesen Klassen sind wiederum untergeordnete Abstufungen

почти во всех этих классах, опять же, подчиненные градации

Die moderne Bourgeoisie Gesellschaft ist aus den Trümmern der feudalen Gesellschaft hervorgegangen

Современное буржуазное общество выросло из руин феодального общества

Aber diese neue Gesellschaftsordnung hat die Klassengegensätze nicht beseitigt

Но этот новый общественный строй не устранил классовых антагонизмов

Sie hat nur neue Klassen und neue Unterdrückungsbedingungen geschaffen

Она лишь создала новые классы и новые условия угнетения

Sie hat neue Formen des Kampfes an die Stelle der alten gesetzt

Она установила новые формы борьбы взамен старых

Die Epoche, in der wir uns befinden, weist jedoch eine Besonderheit auf

Однако эпоха, в которой мы находимся, имеет одну отличительную черту

die Epoche der Bourgeoisie hat die Klassengegensätze vereinfacht

эпоха буржуазии упростила классовые антагонизмы

Die Gesellschaft als Ganzes spaltet sich mehr und mehr in zwei große feindliche Lager

Общество в целом все больше и больше раскалывается на два больших враждебных лагеря

zwei große soziale Klassen, die sich direkt gegenüberstehen: Bourgeoisie und Proletariat

два больших социальных класса, непосредственно противостоящих друг другу: буржуазия и пролетариат

Aus den Leibeigenen des Mittelalters gingen die Bürger der ersten Städte hervor

Из крепостных крестьян Средневековья произошли зафрахтованные бюргеры самых ранних городов

Aus diesen Bürgern entwickelten sich die ersten Elemente der Bourgeoisie

Из этих горожан развились первые элементы буржуазии

Die Entdeckung Amerikas und die Umrundung des Kaps

Открытие Америки и огибание мыса

diese Ereignisse eröffneten der aufstrebenden Bourgeoisie neues Terrain

Эти события открыли новую почву для поднимающейся буржуазии

Die ostindischen und chinesischen Märkte, die Kolonisierung Amerikas, der Handel mit den Kolonien

Рынки Ост-Индии и Китая, колонизация Америки, торговля с колониями

die Vermehrung der Tauschmittel und der Waren überhaupt

Увеличение средств обмена и вообще товаров

Diese Ereignisse gaben dem Handel, der Schiffahrt und der Industrie einen nie gekannten Impuls

Эти события придали торговле, мореплаванию и промышленности невиданный ранее импульс

Sie gab dem revolutionären Element in der wankenden feudalen Gesellschaft eine rasche Entwicklung

Она дала быстрое развитие революционному элементу шатающегося феодального общества

Geschlossene Zünfte hatten das feudale System der industriellen Produktion monopolisiert

Закрытые гильдии монополизировали феодальную систему промышленного производства

Doch das reichte den wachsenden Bedürfnissen der neuen Märkte nicht mehr aus

Но этого уже было недостаточно для удовлетворения растущих потребностей новых рынков

Das Manufaktursystem trat an die Stelle des feudalen Systems der Industrie

Мануфактурная система заняла место феодальной системы промышленности

Die Zunftmeister wurden vom produzierenden Bürgertum auf die Seite gedrängt

Цеховых мастеров оттеснил в сторону промышленный средний класс

Die Arbeitsteilung zwischen den verschiedenen korporativen Innungen verschwand

Разделение труда между различными корпоративными гильдиями исчезло

Die Arbeitsteilung durchdrang jede einzelne Werkstatt

Разделение труда проникло в каждую мастерскую

In der Zwischenzeit wuchsen die Märkte immer weiter und die Nachfrage stieg immer weiter

Между тем, рынки продолжали расти, а спрос постоянно расти

Selbst Fabriken reichten nicht mehr aus, um den Anforderungen gerecht zu werden

Даже заводов уже не хватало для удовлетворения потребностей

Daraufhin revolutionierten Dampf und Maschinen die industrielle Produktion

После этого пар и машины произвели революцию в промышленном производстве

An die Stelle der Manufaktur trat der Riese, die moderne Industrie

Место производства занял гигант «Современная индустрия»

An die Stelle des industriellen Mittelstandes traten industrielle Millionäre
Место промышленного среднего класса заняли промышленные миллионеры
an die Stelle der Führer ganzer Industriearmeen trat die moderne Bourgeoisie
место вождей целых промышленных армий заняла современная буржуазия
die Entdeckung Amerikas ebnete der modernen Industrie den Weg zur Etablierung des Weltmarktes
Открытие Америки проложило путь современной промышленности к установлению мирового рынка
Dieser Markt gab dem Handel, der Schifffahrt und der Kommunikation auf dem Landweg eine ungeheure Entwicklung
Этот рынок дал огромное развитие торговле, мореплаванию и сухопутным коммуникациям
Diese Entwicklung hat seinerzeit auf die Ausdehnung der Industrie reagiert
В свое время это развитие отразилось на расширении промышленности
Sie reagierte in dem Maße, wie sich die Industrie ausbreitete, und wie sich Handel, Schiffahrt und Eisenbahn ausdehnten
Она реагировала пропорционально тому, как расширялась промышленность, как развивались торговля, мореплавание и железные дороги
in demselben Maße, in dem sich die Bourgeoisie entwickelte, vermehrte sie ihr Kapital
в той же пропорции, в какой развивалась буржуазия, она увеличивала свой капитал
und das Bourgeoisie drängte jede aus dem Mittelalter überlieferte Klasse in den Hintergrund
и буржуазия оттеснила на задний план все классы, унаследованные от средневековья

daher ist die moderne Bourgeoisie selbst das Produkt eines langen Entwicklungsganges

Таким образом, современная буржуазия сама является продуктом длительного развития

Wir sehen, dass es sich um eine Reihe von Revolutionen in der Produktions- und Tauschweise handelt

Мы видим, что это ряд революций в способах производства и обмена

Jeder Schritt der Bourgeoisie Entwicklung ging mit einem entsprechenden politischen Fortschritt einher

Каждый шаг буржуазии в развитии сопровождался соответствующим политическим продвижением

Eine unterdrückte Klasse unter der Herrschaft des feudalen Adels

Угнетенный класс под властью феодальной знати

ein bewaffneter und selbstverwalteter Verein in der mittelalterlichen Kommune

Вооруженное и самоуправляющееся объединение в средневековой коммуне

hier eine unabhängige Stadtrepublik (wie in Italien und Deutschland)

здесь независимая городская республика (как в Италии и Германии)

dort ein steuerpflichtiger "dritter Stand" der Monarchie (wie in Frankreich)

там налогооблагаемое "третье сословие" монархии (как во Франции)

Danach, in der Zeit der eigentlichen Herstellung

впоследствии, в период собственно изготовления

die Bourgeoisie diente entweder der halbfeudalen oder der absoluten Monarchie

Буржуазия служила либо полуфеодальной, либо абсолютной монархии

oder die Bourgeoisie fungierte als Gegengewicht zum Adel

или буржуазия выступала в качестве противовеса дворянству

und in der Tat war die Bourgeoisie ein Eckpfeiler der großen Monarchien überhaupt

и действительно, буржуазия была краеугольным камнем великих монархий вообще

aber die moderne Industrie und der Weltmarkt haben sich seitdem etabliert

но с тех пор современная промышленность и мировой рынок утвердились

und die Bourgeoisie hat sich die ausschließliche politische Herrschaft erobert

и буржуазия завоевала для себя исключительное политическое господство

sie erreichte diese politische Herrschaft durch den modernen repräsentativen Staat

Она добилась такого политического влияния через современное представительное государство

Die Exekutive des modernen Staates ist nichts anderes als ein Verwaltungskomitee

Исполнительная власть современного государства – это всего лишь руководящий комитет

und sie leiten die gemeinsamen Angelegenheiten der gesamten Bourgeoisie

и они управляют общими делами всей буржуазии

Die Bourgeoisie hat historisch gesehen eine höchst revolutionäre Rolle gespielt

Буржуазия исторически играла самую революционную роль

Wo immer sie die Oberhand gewann, machte sie allen feudalen, patriarchalischen und idyllischen Verhältnissen ein Ende

Всюду, где она одерживала верх, она прекращала все феодальные, патриархальные и идиллические отношения

Sie hat erbarmungslos die bunten feudalen Bande zerrissen, die den Menschen an seine "natürlichen Vorgesetzten" banden

Она безжалостно разорвала пестрые феодальные узы, связывавшие человека с его «естественными высшими»

Und es ist kein Nexus zwischen Mensch und Mensch übrig geblieben, außer nacktem Eigeninteresse

И она не оставила никакой связи между людьми, кроме голого эгоизма

Die Beziehungen der Menschen zueinander sind zu nichts anderem geworden als zu einer gefühllosen "Geldzahlung"

Отношения людей друг с другом стали не более чем бездушной «денежной платой»

Sie hat die himmlischsten Ekstasen religiöser Inbrunst ertränkt

Она заглушила самые небесные экстазы религиозного пыла

sie hat ritterlichen Enthusiasmus und philiströsen Sentimentalismus übertönt

Она утопила рыцарский энтузиазм и филистерский сентиментализм

Sie hat diese Dinge im eisigen Wasser des egoistischen Kalküls ertränkt

Она утопила все это в ледяной воде эгоистического расчета

Sie hat den persönlichen Wert in Tauschwert aufgelöst

Она превратила личную ценность в обмениваемую ценность

Sie hat die zahllosen und unveräußerlichen verbrieften Freiheiten ersetzt

Она пришла на смену бесчисленным и неотъемлемым хартиям свобод

und sie hat eine einzige, skrupellose Freiheit geschaffen; Freihandel

и она установила единственную, бессовестную свободу; Свободная торговля

Mit einem Wort, sie hat dies für die Ausbeutung getan

Одним словом, она сделала это для эксплуатации

Ausbeutung, verschleiert durch religiöse und politische Illusionen

эксплуатация, завуалированная религиозными и политическими иллюзиями

Ausbeutung verschleiert durch nackte, schamlose, direkte, brutale Ausbeutung

эксплуатация, завуалированная голой, бесстыдной, прямой, жестокой эксплуатацией

die Bourgeoisie hat den Heiligenschein von jedem zuvor geehrten und verehrten Beruf abgestreift

буржуазия сорвала ореол со всех ранее почитаемых и почитаемых занятий

der Arzt, der Advokat, der Priester, der Dichter und der Mann der Wissenschaft

Врач, юрист, священник, поэт и ученый

Sie hat diese ausgezeichneten Arbeiter in ihre bezahlten Lohnarbeiter verwandelt

Она превратила этих выдающихся рабочих в своих наемных рабочих

Die Bourgeoisie hat der Familie den sentimentalen Schleier weggerissen

Буржуазия сорвала сентиментальную завесу с семьи

Und sie hat das Familienverhältnis auf ein bloßes Geldverhältnis reduziert

И это свело семейные отношения к чисто денежным отношениям

die brutale Zurschaustellung der Kraft im Mittelalter, die die Reaktionäre so sehr bewundern

жестокое проявление энергии в средние века, которым так восхищаются реакционеры

Auch diese fand ihre passende Ergänzung in der trägesten Trägheit

Но даже это нашло свое достойное дополнение в самой ленивой ленивой праздности

Die Bourgeoisie hat enthüllt, wie es dazu gekommen ist

Буржуазия раскрыла, как все это происходило

Die Bourgeoisie war die erste, die gezeigt hat, was die Tätigkeit des Menschen bewirken kann

Буржуазия была первой, кто показал, к чему может привести деятельность человека

Sie hat Wunder vollbracht, die ägyptische Pyramiden, römische Aquädukte und gotische Kathedralen bei weitem übertreffen

Он совершил чудеса, намного превосходящие египетские пирамиды, римские акведуки и готические соборы

und sie hat Expeditionen durchgeführt, die alle früheren Auszüge von Nationen und Kreuzzügen in den Schatten stellten

и он проводил экспедиции, которые затмили все прежние Исходы народов и крестовые походы

Die Bourgeoisie kann nicht existieren, ohne die Produktionsmittel ständig zu revolutionieren

Буржуазия не может существовать без постоянной революции орудий производства

und damit kann sie nicht ohne ihre Beziehungen zur Produktion existieren

и, следовательно, он не может существовать без своих отношений к производству

und deshalb kann sie nicht ohne ihre Beziehungen zur Gesellschaft existieren

И поэтому она не может существовать без своих отношений с обществом

Alle früheren Industrieklassen hatten eine Bedingung gemeinsam

Все более ранние индустриальные классы имели одно общее условие

Sie setzten auf die Bewahrung der alten Produktionsweisen

Они полагались на консервацию старых способов производства

aber die Bourgeoisie brachte eine völlig neue Dynamik mit sich

но буржуазия принесла с собой совершенно новую динамику

Ständige Revolutionierung der Produktion und ununterbrochene Störung aller gesellschaftlichen Verhältnisse

Постоянная революция в производстве и непрерывное нарушение всех социальных условий

diese immerwährende Unsicherheit und Unruhe unterscheidet die Epoche der Bourgeoisie von allen früheren

эта вечная неопределенность и волнение отличает эпоху буржуазии от всех предшествующих эпох

Die bisherigen Beziehungen zur Produktion waren mit alten und ehrwürdigen Vorurteilen und Meinungen verbunden

Прежние отношения с производством были связаны с древними и почтенными предрассудками и мнениями

Aber all diese festgefahrenen, eingefrorenen Beziehungen werden hinweggefegt

Но все эти фиксированные, быстро застывшие отношения сметаются

Alle neu gebildeten Verhältnisse werden antiquiert, bevor sie erstarren können

Все новообразованные отношения устаревают, не успев закостенеть

Alles, was fest ist, zerschmilzt in Luft, und alles, was heilig ist, wird entweiht

Все твердое растворяется в воздухе, и все святое оскверняется

Der Mensch ist endlich gezwungen, mit nüchternen Sinnen seinen wirklichen Lebensbedingungen ins Auge zu sehen

В конце концов человек вынужден трезво взглянуть в лицо своим реальным условиям жизни

und er ist gezwungen, sich seinen Beziehungen zu seinesgleichen zu stellen

и он вынужден смотреть в лицо своим отношениям с себе подобными

Die Bourgeoisie muss ständig ihre Märkte für ihre Produkte erweitern

Буржуазия постоянно нуждается в расширении рынков сбыта своей продукции

und deshalb wird die Bourgeoisie über die ganze Erdoberfläche gejagt

и из-за этого буржуазию гонят по всей поверхности земного шара

Die Bourgeoisie muss sich überall einnisten, sich überall niederlassen, überall Verbindungen herstellen

Буржуазия должна всюду гнездиться, всюду селиться, везде устанавливать связи

Die Bourgeoisie muss in jedem Winkel der Welt Märkte schaffen, um sie auszubeuten

Буржуазия должна создавать рынки во всех уголках мира для эксплуатации

Die Produktion und der Konsum in jedem Land haben einen kosmopolitischen Charakter erhalten

Производство и потребление в каждой стране приобрели космополитический характер

der Verdruss der Reaktionäre ist mit Händen zu greifen, aber er hat sich trotzdem fortgesetzt

Огорчение реакционеров ощутимо, но оно продолжается, несмотря на все

Die Bourgeoisie hat der Industrie den nationalen Boden, auf dem sie stand, unter den Füßen weggezogen

Буржуазия вытащила из-под ног промышленности ту национальную почву, на которой она стояла

Alle alteingesessenen nationalen Industrien sind zerstört worden oder werden täglich zerstört

Все старые национальные отрасли промышленности разрушены или разрушаются ежедневно

Alle alteingesessenen nationalen Industrien werden durch neue Industrien verdrängt

Все старые национальные отрасли вытесняются новыми отраслями промышленности

Ihre Einführung wird zu einer Frage von Leben und Tod für alle zivilisierten Völker

Их введение становится вопросом жизни и смерти для всех цивилизованных народов

Sie werden von Industrien verdrängt, die keine heimischen Rohstoffe mehr verarbeiten

Их вытесняют отрасли, которые больше не перерабатывают местное сырье

Stattdessen beziehen diese Industrien Rohstoffe aus den entlegensten Zonen

Вместо этого эти отрасли добывают сырье из самых отдаленных зон

Industrien, deren Produkte nicht nur zu Hause, sondern in allen Teilen der Welt konsumiert werden

отрасли, продукция которых потребляется не только у себя дома, но и во всех уголках земного шара

An die Stelle der alten Bedürfnisse, die durch die Erzeugnisse des Landes befriedigt werden, treten neue Bedürfnisse

На смену прежним потребностям, удовлетворяемым произведениями страны, мы приходим новые потребности

Diese neuen Bedürfnisse bedürfen zu ihrer Befriedigung der Produkte aus fernen Ländern und Klimazonen

Эти новые потребности требуют для своего удовлетворения продуктов дальних стран и климатов

An die Stelle der alten lokalen und nationalen Abgeschiedenheit und Selbstversorgung tritt der Handel

Вместо прежней местной и национальной замкнутости и самодостаточности мы имеем торговлю

internationaler Austausch in alle Richtungen; universelle Interdependenz der Nationen

международный обмен во всех направлениях; Всеобщая взаимозависимость наций

Und so wie wir von Materialien abhängig sind, so sind wir von der intellektuellen Produktion abhängig

И точно так же, как мы зависим от материалов, мы
зависим от интеллектуального производства

**Die geistigen Schöpfungen der einzelnen Nationen werden
zum Gemeingut**

Интеллектуальные творения отдельных народов
становятся общим достоянием

**Nationale Einseitigkeit und Engstirnigkeit werden immer
unmöglicher**

Национальная односторонность и ограниченность
становятся все более невозможными

**Und aus den zahlreichen nationalen und lokalen Literaturen
entsteht eine Weltliteratur**

А из многочисленных национальных и местных литератур
возникает мировая литература

durch die rasche Verbesserung aller Produktionsmittel

быстрым совершенствованием всех орудий производства

durch die immens erleichterten Kommunikationsmittel

с помощью чрезвычайно облегченных средств связи

**Die Bourgeoisie zieht alle (auch die barbarischsten
Nationen) in die Zivilisation hinein**

Буржуазия вовлекает в цивилизацию всех (даже самые
варварские народы)

**Die billigen Preise seiner Waren; die schwere Artillerie, die
alle chinesischen Mauern niederreißt**

Дешевые цены на его товары; тяжелая артиллерия,
которая сокрушает все китайские стены

**Der hartnäckige Fremdenhass der Barbaren wird zur
Kapitulation gezwungen**

Упорная ненависть варваров к чужеземцам вынуждена
капитулировать

**Sie zwingt alle Nationen, unter Androhung des
Aussterbens, die Bourgeoisie Produktionsweise
anzunehmen**

Она вынуждает все нации под страхом исчезновения
перейти к буржуазному способу производства

Sie zwingt sie, das, was sie Zivilisation nennt, in ihre Mitte einzuführen

Она вынуждает их ввести в свою среду то, что она называет цивилизацией

Die Bourgeoisie zwingt die Barbaren, selbst zur Bourgeoisie zu werden

Буржуазия заставляет варваров самим стать буржуазией

mit einem Wort, die Bourgeoisie schafft sich eine Welt nach ihrem Bilde

одним словом, буржуазия создает мир по своему образу и подобию

Die Bourgeoisie hat das Land der Herrschaft der Städte unterworfen

Буржуазия подчинила деревню господству городов

Sie hat riesige Städte geschaffen und die Stadtbevölkerung stark vergrößert

Она создала огромные города и значительно увеличила городское население

Sie rettete einen beträchtlichen Teil der Bevölkerung vor der Idiotie des Landlebens

Она спасла значительную часть населения от идиотизма сельской жизни

Aber sie hat die Menschen auf dem Lande von den Städten abhängig gemacht

Но это сделало тех, кто жил в сельской местности, зависимыми от городов

Und ebenso hat sie die barbarischen Länder von den zivilisierten abhängig gemacht

Точно так же она поставила варварские страны в зависимость от цивилизованных

Bauernnationen gegen Völker der Bourgeoisie, Osten gegen Westen

нации крестьян на нации буржуазии, Восток на Запад

Die Bourgeoisie beseitigt den zerstreuten Zustand der Bevölkerung mehr und mehr

Буржуазия все больше и больше уничтожает раздробленность населения

Sie hat die Produktion agglomeriert und das Eigentum in wenigen Händen konzentriert

Она имеет агломерированное производство и концентрирует собственность в немногих руках

Die notwendige Konsequenz daraus war eine politische Zentralisierung

Неизбежным следствием этого стала политическая централизация

Es gab unabhängige Nationen und lose miteinander verbundene Provinzen

Существовали независимые государства и слабо связанные между собой провинции

Sie hatten getrennte Interessen, Gesetze, Regierungen und Steuersysteme

У них были свои интересы, законы, правительства и системы налогообложения

Aber sie sind zu einer Nation zusammengeschmolzen, mit einer Regierung

Но они слились в одну нацию, с одним правительством

Sie haben jetzt ein nationales Klasseninteresse, eine Grenze und einen Zolltarif

Теперь у них один национальный классовый интерес, одна граница и один таможенный тариф

Und dieses nationale Klasseninteresse ist unter einem Gesetzbuch vereinigt

И этот национальный классовый интерес объединен в одном своде законов

die Bourgeoisie hat während ihrer knapp hundertjährigen Herrschaft viel erreicht

Буржуазия многого добилась за время своего правления, которое длилось всего сто лет

massivere und kolossalere Produktivkräfte als alle vorhergehenden Generationen zusammen

более массивных и колоссальных производительных сил, чем у всех предшествующих поколений вместе взятых

Die Kräfte der Natur sind dem Willen des Menschen und seiner Maschinerie unterworfen

Силы природы подчинены воле человека и его механизмов

Die Chemie wird auf alle Industrieformen und Landwirtschaftsformen angewendet

Химия применяется во всех формах промышленности и видах сельского хозяйства

Dampfschiffahrt, Eisenbahnen, elektrische Telegraphen und die Druckerpresse

пароходство, железные дороги, электрический телеграф и печатный станок

Rodung ganzer Kontinente für den Anbau, Kanalisierung von Flüssen

расчистка целых континентов для возделывания, канализация рек

ganze Populationen wurden aus dem Boden gezaubert und an die Arbeit gebracht

Целые народы были вызваны из земли и принуждены к работе

Welches frühere Jahrhundert hatte auch nur eine Ahnung von dem, was entfesselt werden könnte?

Какое предыдущее столетие имело хотя бы предчувствие того, что может быть выпущено на свободу?

Wer hat vorausgesagt, dass solche Produktivkräfte im Schoß der gesellschaftlichen Arbeit schlummern?

Кто предсказал, что такие производительные силы дремлют на лоне общественного труда?

Wir sehen also, daß die Produktions- und Tauschmittel in der feudalen Gesellschaft erzeugt wurden

Итак, мы видим, что средства производства и обмена были созданы в феодальном обществе

die Produktionsmittel, auf deren Grundlage sich die Bourgeoisie aufbaute

средства производства, на фундаменте которых строилась буржуазия

Auf einer bestimmten Stufe der Entwicklung dieser Produktions- und Tauschmittel

На определенном этапе развития этих средств производства и обмена

die Bedingungen, unter denen die feudale Gesellschaft produzierte und tauschte

условия, в которых феодальное общество производило и обменивало

Die feudale Organisation der Landwirtschaft und des verarbeitenden Gewerbes

феодальная организация сельского хозяйства и обрабатывающей промышленности

Die feudalen Eigentumsverhältnisse waren mit den materiellen Verhältnissen nicht mehr vereinbar

Феодальные отношения собственности уже не соответствовали материальным условиям

Sie mussten gesprengt werden, also wurden sie auseinandergesprengt

Они должны были быть разорваны на части, поэтому они были разорваны на части

An ihre Stelle trat die freie Konkurrenz der Produktivkräfte

На их место пришла свободная конкуренция со стороны производительных сил

Und sie wurden von einer ihr angepassten sozialen und politischen Verfassung begleitet

И они сопровождались приспособленной к нему социальной и политической конституцией

und sie wurde begleitet von der ökonomischen und politischen Herrschaft der Bourgeoisie Klasse

и это сопровождалось экономическим и политическим господством класса буржуазии

Eine ähnliche Bewegung vollzieht sich vor unseren eigenen Augen

Подобное движение происходит на наших глазах

Die moderne Bourgeoisie Gesellschaft mit ihren Produktions-, Tausch- und Eigentumsverhältnissen

Современное буржуазное общество с его производственными отношениями, отношениями обмена и собственности

eine Gesellschaft, die so gigantische Produktions- und Tauschmittel heraufbeschworen hat

общество, которое создало такие гигантские средства производства и обмена

Es ist wie der Zauberer, der die Mächte der Unterwelt heraufbeschworen hat

Это похоже на колдуна, который призвал силы нижнего мира

Aber er ist nicht mehr in der Lage, zu kontrollieren, was er in die Welt gebracht hat

Но он больше не в состоянии контролировать то, что принес в мир

Viele Jahrzehnte lang war die vergangene Geschichte durch einen roten Faden miteinander verbunden

На протяжении многих десятилетий прошлые истории были связаны общей нитью

Die Geschichte der Industrie und des Handels ist nichts anderes als die Geschichte der Revolten

История промышленности и торговли была не чем иным, как историей восстаний

die Revolten der modernen Produktivkräfte gegen die modernen Produktionsbedingungen

Восстания современных производительных сил против современных условий производства

die Revolten der modernen Produktivkräfte gegen die Eigentumsverhältnisse

Восстания современных производительных сил против отношений собственности

diese Eigentumsverhältnisse sind die Bedingungen für die Existenz der Bourgeoisie

эти отношения собственности являются условиями
существования буржуазии
**und die Existenz der Bourgeoisie bestimmt die Regeln der
Eigentumsverhältnisse**
а существование буржуазии определяет правила
отношений собственности
**Es genügt, die periodische Wiederkehr von Handelskrisen
zu erwähnen**
Достаточно упомянуть о периодическом возвращении
торговых кризисов
**jede Handelskrise ist für die Bourgeoisie Gesellschaft
bedrohlicher als die letzte**
Каждый торговый кризис угрожает буржуазному
обществу больше, чем предыдущий.
**In diesen Krisen wird ein großer Teil der bestehenden
Produkte vernichtet**
В этих кризисах уничтожается большая часть
существующих продуктов
**Diese Krisen zerstören aber auch die zuvor geschaffenen
Produktivkräfte**
Но эти кризисы разрушают и ранее созданные
производительные силы
**In allen früheren Epochen wären diese Epidemien als
Absurdität erschienen**
Во все прежние эпохи эти эпидемии казались бы
абсурдом
**denn diese Epidemien sind die kommerziellen Krisen der
Überproduktion**
Потому что эти эпидемии являются коммерческими
кризисами перепроизводства
**Die Gesellschaft befindet sich plötzlich wieder in einem
Zustand der momentanen Barbarei**
Общество внезапно оказывается вновь ввергнутым в
состояние сиюминутного варварства
**als ob ein allgemeiner Verwüstungskrieg jede Möglichkeit
des Lebensunterhalts abgeschnitten hätte**

как если бы всеобщая война на опустошение отрезала все средства к существованию

Industrie und Handel scheinen zerstört worden zu sein; Und warum?

промышленность и торговля, по-видимому, были разрушены; А почему?

Weil es zu viel Zivilisation und Subsistenzmittel gibt

Потому что там слишком много цивилизации и средств к существованию

Und weil es zu viel Industrie und zu viel Handel gibt

и потому, что здесь слишком много промышленности и слишком много торговли

Die Produktivkräfte, die der Gesellschaft zur Verfügung stehen, entwickeln nicht mehr das Bourgeoisie Eigentum

Производительные силы, находящиеся в распоряжении общества, больше не развивают буржуазную собственность

im Gegenteil, sie sind zu mächtig geworden für diese Verhältnisse, durch die sie gefesselt sind

напротив, они стали слишком сильными для тех условий, которыми они скованы

sobald sie diese Fesseln überwunden haben, bringen sie Unordnung in die ganze Bourgeoisie Gesellschaft

как только они преодолевают эти оковы, они вносят беспорядок во все буржуазное общество

und die Produktivkräfte gefährden die Existenz des Bourgeoisie Eigentums

производительные силы ставят под угрозу существование буржуазной собственности

Die Bedingungen der Bourgeoisie Gesellschaft sind zu eng, um den von ihnen geschaffenen Reichtum zu erfassen

Условия буржуазного общества слишком узки, чтобы вместить в себя созданное ими богатство

Und wie überwindet die Bourgeoisie diese Krisen?

И как буржуазия преодолевает эти кризисы?

Einerseits überwindet sie diese Krisen durch die erzwungene Vernichtung einer Masse von Produktivkräften

С одной стороны, она преодолевает эти кризисы насильственным уничтожением массы производительных сил

Andererseits überwindet sie diese Krisen durch die Eroberung neuer Märkte

С другой стороны, она преодолевает эти кризисы путем завоевания новых рынков

Und sie überwindet diese Krisen durch die gründlichere Ausbeutung der alten Produktivkräfte

И эти кризисы она преодолевает путем более тщательной эксплуатации старых производительных сил

Das heißt, indem sie den Weg für umfangreichere und zerstörerischere Krisen ebnen

Иными словами, прокладывая путь к более обширным и более разрушительным кризисам

Sie überwindet die Krise, indem sie die Mittel zur Krisenprävention einschränkt

Она преодолевает кризис, уменьшая средства, с помощью которых кризисы предотвращаются

Die Waffen, mit denen die Bourgeoisie den Feudalismus zu Fall brachte, sind jetzt gegen sich selbst gerichtet

Оружие, которым буржуазия повергла феодализм в землю, теперь обращено против нее самой

Aber die Bourgeoisie hat nicht nur die Waffen geschmiedet, die sich selbst den Tod bringen

Но не только буржуазия выковала оружие, несущее ей смерть

Sie hat auch die Männer ins Leben gerufen, die diese Waffen führen sollen

Она также вызвала к жизни людей, которые должны владеть этим оружием

Und diese Männer sind die moderne Arbeiterklasse; Sie sind die Proletarier

И эти люди и есть современный рабочий класс; Это пролетарии

In dem Maße, wie die Bourgeoisie entwickelt ist, entwickelt sich auch das Proletariat

По мере развития буржуазии развивается и пролетариат

Die moderne Arbeiterklasse entwickelte eine Klasse von Arbeitern

Современный рабочий класс развил класс рабочих

Diese Klasse von Arbeitern lebt nur so lange, wie sie Arbeit findet

Этот класс рабочих живет лишь до тех пор, пока они находят работу

Und sie finden nur so lange Arbeit, wie ihre Arbeit das Kapital vermehrt

И они находят работу лишь до тех пор, пока их труд увеличивает капитал

Diese Arbeiter, die sich stückweise verkaufen müssen, sind eine Ware

Эти рабочие, которые должны продавать себя по частям, являются товаром

Diese Arbeiter sind wie jeder andere Handelsartikel

Эти рабочие подобны всякому другому предмету торговли

und sie sind folglich allen Wechselfällen des Wettbewerbs ausgesetzt

и, следовательно, они подвержены всем превратностям конкуренции

Sie müssen alle Schwankungen des Marktes überstehen

Они должны выдержать все колебания рынка

Aufgrund des umfangreichen Maschineneinsatzes und der Arbeitsteilung

Благодаря широкому применению машин и разделению труда

Die Arbeit der Proletarier hat jeden individuellen Charakter verloren

Работа пролетариев утратила всякий индивидуальный характер

**Und folglich hat die Arbeit der Proletarier für den Arbeiter
jeden Reiz verloren**

Следовательно, труд пролетариев утратил всякую
прелесть для рабочего

**Er wird zu einem Anhängsel der Maschine und nicht mehr
zu dem Mann, der er einmal war**

Он становится придатком машины, а не человеком,
которым он когда-то был

**Nur das einfachste, eintönigste und am leichtesten zu
erwerbende Geschick wird von ihm verlangt**

От него требуется только самая простая, однообразная и
самая легко приобретаемая сноровка

Daher sind die Produktionskosten eines Arbeiters begrenzt

Следовательно, издержки производства рабочего
ограничены

**sie beschränkt sich fast ausschließlich auf die Mittel zur
Bestreitung des Lebensunterhalts, die er zu seinem
Unterhalt benötigt**

оно почти целиком ограничивается теми жизненными
средствами, которые необходимы ему для его содержания

**und sie beschränkt sich auf die Subsistenzmittel, die er zur
Fortpflanzung seiner Rasse benötigt**

и оно ограничивается средствами существования, которые
необходимы ему для продолжения рода

**Aber der Preis einer Ware, also auch der Arbeit, ist gleich
ihren Produktionskosten**

Но цена товара, а следовательно, и труда равна издержкам
его производства

**In dem Maße also, wie die Widerwärtigkeit der Arbeit
zunimmt, sinkt der Lohn**

Следовательно, по мере того, как возрастает отвращение к
труду, уменьшается и заработная плата

**Ja, die Widerwärtigkeit seiner Arbeit nimmt sogar noch
mehr zu**

Более того, отвратительность его работы возрастает с еще
большей скоростью

**In dem Maße, wie der Einsatz von Maschinen und die
Arbeitsteilung zunehmen, steigt auch die Last der Arbeit**
По мере роста использования машин и разделения труда
возрастает и бремя тяжелого труда
**Die Arbeitsbelastung wird durch die Verlängerung der
Arbeitszeit erhöht**
Тяжесть тяжелого труда увеличивается за счет удлинения
рабочего дня
**Dem Arbeiter wird in der gleichen Zeit mehr zugemutet als
zuvor**
В то же время, как и раньше, от рабочего ожидается
больше, чем раньше
**Und natürlich wird die Last der Arbeit durch die
Geschwindigkeit der Maschinerie erhöht**
И, конечно же, тяжесть труда увеличивается из-за
скорости машин
**Die moderne Industrie hat die kleine Werkstatt des
patriarchalischen Meisters in die große Fabrik des
industriellen Kapitalisten verwandelt**
Современная промышленность превратила маленькую
мастерскую патриархального хозяина в большую фабрику
промышленного капиталиста
**Massen von Arbeitern, die in die Fabrik gedrängt sind, sind
wie Soldaten organisiert**
Массы рабочих, скученные на фабрике, организованы, как
солдаты
**Als Gefreite der Industriearmee stehen sie unter dem
Kommando einer vollkommenen Hierarchie von Offizieren
und Unteroffizieren**
Как рядовые промышленной армии, они подчиняются
совершенной иерархии офицеров и сержантов
**sie sind nicht nur die Sklaven der Bourgeoisie und des
Staates**
они не только рабы класса буржуазии и государства
**Aber sie werden auch täglich und stündlich von der
Maschine versklavt**

Но они также ежедневно и ежечасно порабощаются машиной

sie sind Sklaven des Aufsehers und vor allem des einzelnen Bourgeoisie Fabrikanten selbst

они порабощены надсмотрщиком и, прежде всего, самим буржуазным фабрикантом

Je offener dieser Despotismus den Gewinn als seinen Zweck und sein Ziel proklamiert, desto kleinlicher, verhaßter und verbitterender ist er

Чем более открыто этот деспотизм провозглашает выгоду своей целью и целью, тем он мелочнее, тем ненавистнее и ожесточеннее

Je mehr sich die moderne Industrie entwickelt, desto geringer sind die Unterschiede zwischen den Geschlechtern

Чем более развитой становится современная промышленность, тем меньше различия между полами

Je geringer die Geschicklichkeit und Kraftanstrengung der Handarbeit ist, desto mehr wird die Arbeit der Männer von der der Frauen verdrängt

Чем меньше мастерства и напряжения сил подразумевается в ручном труде, тем больше труд мужчин вытесняется трудом женщин

Alters- und Geschlechtsunterschiede haben für die Arbeiterklasse keine besondere gesellschaftliche Gültigkeit mehr

Возрастные и половые различия больше не имеют какой-либо отличительной социальной значимости для рабочего класса

Alle sind Arbeitsinstrumente, die je nach Alter und Geschlecht mehr oder weniger teuer zu gebrauchen sind

Все они являются орудиями труда, более или менее дорогими в использовании, в зависимости от их возраста и пола

sobald der Arbeiter seinen Lohn in bar erhält, wird er von den übrigen Teilen der Bourgeoisie angegriffen

Как только рабочий получает свою заработную плату наличными, на него нападают другие части буржуазии

der Vermieter, der Ladenbesitzer, der Pfandleiher usw

Арендодатель, лавочник, ростовщик и т.д

Die unteren Schichten der Mittelschicht; die kleinen Handwerker und Ladenbesitzer

Низшие слои среднего класса; мелкие торговцы и лавочники

die pensionierten Gewerbetreibenden überhaupt, die Handwerker und Bauern

вообще отставные торговцы, а также ремесленники и крестьяне

all dies sinkt allmählich in das Proletariat ein

все это постепенно погружается в пролетариат

theils deshalb, weil ihr winziges Kapital nicht ausreicht für den Maßstab, in dem die moderne Industrie betrieben wird

отчасти потому, что их крошечный капитал недостаточен для тех масштабов, в которых развивается современная промышленность

und weil sie in der Konkurrenz mit den Großkapitalisten überschwemmt wird

и потому, что она погрязла в конкуренции с крупными капиталистами

zum Teil deshalb, weil ihr spezialisiertes Können durch die neuen Produktionsmethoden wertlos wird

Отчасти потому, что их специализированное мастерство становится бесполезным из-за новых методов производства

So rekrutiert sich das Proletariat aus allen Klassen der Bevölkerung

Таким образом, пролетариат рекрутируется из всех классов населения

Das Proletariat durchläuft verschiedene Entwicklungsstufen

Пролетариат проходит различные ступени развития

Mit ihrer Geburt beginnt der Kampf mit der Bourgeoisie

С его рождения начинается его борьба с буржуазией

Zuerst wird der Kampf von einzelnen Arbeitern geführt
Сначала состязание ведется отдельными рабочими

Dann wird der Kampf von den Arbeitern einer Fabrik ausgetragen
Затем конкурс ведут рабочие фабрики

Dann wird der Kampf von den Arbeitern eines Gewerbes an einem Ort ausgetragen
Затем конкурс проводится рабочими одной профессии, в одном населенном пункте

und der Kampf richtet sich dann gegen die einzelne Bourgeoisie, die sie direkt ausbeutet
и тогда борьба идет против отдельной буржуазии, которая непосредственно эксплуатирует ее

Sie richten ihre Angriffe nicht gegen die Bourgeoisie Produktionsbedingungen
Они направляют свои нападки не против буржуазных условий производства

aber sie richten ihren Angriff gegen die Produktionsmittel selbst
Но они направляют свои нападки против самих орудий производства

Sie vernichten importierte Waren, die mit ihrer Arbeitskraft konkurrieren
Они уничтожают импортные товары, которые конкурируют с их трудом

Sie zertrümmern Maschinen und setzen Fabriken in Brand
Они разбивают машины и поджигают заводы

sie versuchen, den verschwundenen Status des Arbeiters des Mittelalters mit Gewalt wiederherzustellen
они стремятся силой восстановить исчезнувший статус средневекового рабочего

In diesem Stadium bilden die Arbeiter noch eine unzusammenhängende Masse, die über das ganze Land verstreut ist
На этой ступени рабочие еще образуют бессвязную массу, разбросанную по всей стране

und sie werden durch ihre gegenseitige Konkurrenz zerrissen

и они раздроблены взаимной конкуренцией

Wenn sie sich irgendwo zu kompakteren Körpern vereinigen, so ist dies noch nicht die Folge ihrer eigenen aktiven Vereinigung

Если где-то они и объединяются, образуя более компактные тела, то это еще не является следствием их собственного активного союза

aber es ist eine Folge der Vereinigung der Bourgeoisie, ihre eigenen politischen Ziele zu erreichen

но это следствие объединения буржуазии для достижения своих собственных политических целей

die Bourgeoisie ist gezwungen, das ganze Proletariat in Bewegung zu setzen

Буржуазия вынуждена приводить в движение весь пролетариат

und überdies ist die Bourgeoisie eine Zeitlang dazu in der Lage

и более того, до поры до времени буржуазия в состоянии это делать

In diesem Stadium kämpfen die Proletarier also nicht gegen ihre Feinde

Поэтому на этой стадии пролетарии не борются со своими врагами

Stattdessen kämpfen sie gegen die Feinde ihrer Feinde

Но вместо этого они сражаются с врагами своих врагов

Der Kampf gegen die Überreste der absoluten Monarchie und die Großgrundbesitzer

Борьба с остатками абсолютной монархии и помещиками

sie bekämpfen die nicht-industrielle Bourgeoisie; das Kleiliche Bourgeoisie

они борются с непромышленной буржуазией; мелкая буржуазия

So ist die ganze historische Bewegung in den Händen der Bourgeoisie konzentriert

Таким образом, все историческое движение сосредоточено в руках буржуазии

jeder so errungene Sieg ist ein Sieg der Bourgeoisie

Каждая победа, одержанная таким образом, есть победа буржуазии

Aber mit der Entwicklung der Industrie wächst nicht nur die Zahl des Proletariats

Но с развитием промышленности пролетариат не только увеличивается в численности

das Proletariat konzentriert sich in größeren Massen und seine Kraft wächst

Пролетариат концентрируется в больших массах, и его сила растет

und das Proletariat spürt diese Kraft mehr und mehr

и пролетариат все больше и больше чувствует эту силу

Die verschiedenen Interessen und Lebensbedingungen in den Reihen des Proletariats gleichen sich mehr und mehr an

Различные интересы и условия жизни в рядах пролетариата все более и более уравниваются

sie werden in dem Maße größer, wie die Maschinerie alle Unterschiede der Arbeit verwischt

Они становятся все более и более пропорциональными по мере того, как машины уничтожают все различия в труде

Und die Maschinen senken fast überall die Löhne auf das gleiche niedrige Niveau

и машины почти везде понижают заработную плату до того же низкого уровня

Die wachsende Konkurrenz der Bourgeoisie und die daraus resultierenden Handelskrisen lassen die Löhne der Arbeiter immer schwankender

Растущая конкуренция среди буржуазии и вызванные ею торговые кризисы делают заработную плату рабочих все более колеблющейся

Die unaufhörliche Verbesserung der sich immer schneller entwickelnden Maschinen macht ihren Lebensunterhalt immer prekärer

Непрестанное совершенствование машин, все более
быстро развивающихся, делает их средства к
существованию все более и более ненадежными

**die Kollisionen zwischen einzelnen Arbeitern und
einzelnen Bourgeoisien nehmen immer mehr den Charakter
von Zusammenstößen zwischen zwei Klassen an**

столкновения между отдельными рабочими и отдельной
буржуазией все более и более приобретают характер
столкновений между двумя классами

**Darauf beginnen die Arbeiter, sich gegen die Bourgeoisie zu
verbünden (Gewerkschaften)**

После этого рабочие начинают создавать союзы (тред-
юнионы) против буржуазии

Sie schließen sich zusammen, um die Löhne hoch zu halten

Они объединяются для того, чтобы поддерживать уровень
заработной платы

**sie gründeten ständige Vereinigungen, um für diese
gelegentlichen Revolten im voraus Vorsorge zu treffen**

Они создавали постоянные ассоциации, чтобы заранее
подготовиться к этим случайным восстаниям

Hier und da bricht der Wettkampf in Ausschreitungen aus

То тут, то там соперничество перерастает в беспорядки

**Hin und wieder siegen die Arbeiter, aber nur für eine
gewisse Zeit**

Время от времени рабочие одерживают победу, но только
на время

**Die wirkliche Frucht ihrer Kämpfe liegt nicht in den
unmittelbaren Ergebnissen, sondern in der immer größer
werdenden Vereinigung der Arbeiter**

Действительный плод их борьбы заключается не в
непосредственном результате, а во все более
расширяющемся союзе рабочих

**Diese Vereinigung wird durch die verbesserten
Kommunikationsmittel unterstützt, die von der modernen
Industrie geschaffen werden**

Этому союзу способствуют усовершенствованные средства сообщения, созданные современной промышленностью

Die moderne Kommunikation bringt die Arbeiter verschiedener Orte miteinander in Kontakt

Современные коммуникации позволяют рабочим разных населенных пунктов соприкасаться друг с другом

Es war gerade dieser Kontakt, der nötig war, um die zahlreichen lokalen Kämpfe zu einem nationalen Kampf zwischen den Klassen zu zentralisieren

Именно этот контакт был необходим для того, чтобы централизовать многочисленную локальную борьбу в одну национальную борьбу между классами

Alle diese Kämpfe haben den gleichen Charakter, und jeder Klassenkampf ist ein politischer Kampf

Все эти виды борьбы носят один и тот же характер, и всякая классовая борьба есть борьба политическая

die Bürger des Mittelalters mit ihren elenden Landstraßen brauchten Jahrhunderte, um ihre Vereinigungen zu bilden

Средневековым бюргеры с их жалкими дорогами потребовались столетия, чтобы образовать свои союзы

Die modernen Proletarier erreichen dank der Eisenbahn ihre Gewerkschaften innerhalb weniger Jahre

Современные пролетарии, благодаря железным дорогам, добиваются своих союзов в течение нескольких лет

Diese Organisation der Proletarier zu einer Klasse formte sie folglich zu einer politischen Partei

Эта организация пролетариев в класс превратила их в политическую партию

Die politische Klasse wird immer wieder durch die Konkurrenz zwischen den Arbeitern selbst verärgert

Политический класс постоянно расстраивается из-за конкуренции между самими рабочими

Aber die politische Klasse erhebt sich weiter, stärker, fester, mächtiger

Но политический класс продолжает подниматься, становясь сильнее, тверже и могущественнее

Er zwingt zur gesetzgeberischen Anerkennung der besonderen Interessen der Arbeitnehmer

Она вынуждает законодательно признать особые интересы трудящихся

sie tut dies, indem sie sich die Spaltungen innerhalb der Bourgeoisie selbst zunutze macht

она делает это, пользуясь расколом внутри самой буржуазии

Damit wurde das Zehnstundengesetz in England in Kraft gesetzt

Таким образом, в Англии был принят закон о десятичасовом рабочем дне

in vielerlei Hinsicht ist der Zusammenstoß zwischen den Klassen der alten Gesellschaft ferner der Entwicklungsgang des Proletariats

во многом столкновения между классами старого общества являются дальнейшим ходом развития пролетариата

Die Bourgeoisie befindet sich in einem ständigen Kampf

Буржуазия оказывается вовлеченной в постоянную борьбу

Zuerst wird sie sich in einem ständigen Kampf mit der Aristokratie wiederfinden

Сначала она окажется вовлеченной в постоянную борьбу с аристократией

später wird sie sich in einem ständigen Kampf mit diesen Teilen der Bourgeoisie selbst wiederfinden

в дальнейшем она окажется вовлеченной в постоянную борьбу с теми частями самой буржуазии,

und ihre Interessen werden dem Fortschritt der Industrie entgegengesetzt sein

и их интересы станут антагонистичными по отношению к прогрессу промышленности

zu allen Zeiten werden ihre Interessen mit der Bourgeoisie fremder Länder in Konflikt geraten sein

во все времена их интересы будут антагонистически относиться к буржуазии зарубежных стран

In allen diesen Kämpfen sieht sie sich genötigt, an das Proletariat zu appellieren, und bittet es um Hilfe

Во всех этих битвах она считает себя вынужденной взывать к пролетариату и просит у него помощи

Und so wird sie sich gezwungen sehen, sie in die politische Arena zu zerren

и, таким образом, она будет чувствовать себя вынужденной втянуть его на политическую арену

Die Bourgeoisie selbst versorgt also das Proletariat mit ihren eigenen Instrumenten der politischen und allgemeinen Erziehung

Таким образом, буржуазия сама снабжает пролетариат своими орудиями политического и общего воспитания

mit anderen Worten, sie liefert dem Proletariat Waffen für den Kampf gegen die Bourgeoisie

другими словами, она снабжает пролетариат оружием для борьбы с буржуазией

Ferner werden, wie wir schon gesehen haben, ganze Schichten der herrschenden Klassen in das Proletariat hineingestürzt

Далее, как мы уже видели, целые слои господствующих классов втягиваются в пролетариат

der Fortschritt der Industrie saugt sie in das Proletariat hinein

развитие промышленности засасывает их в пролетариат

oder zumindest sind sie in ihren Existenzbedingungen bedroht

Или, по крайней мере, они находятся под угрозой в условиях своего существования

Diese versorgen auch das Proletariat mit frischen Elementen der Aufklärung und des Fortschritts

Они также дают пролетариату новые элементы просвещения и прогресса

Endlich, in Zeiten, in denen sich der Klassenkampf der entscheidenden Stunde nähert

Наконец, во времена, когда классовая борьба
приближается к решающему часу

Der Auflösungsprozess innerhalb der herrschenden Klasse

Процесс разложения, происходящий внутри правящего
класса

**In der Tat wird die Auflösung, die sich innerhalb der
herrschenden Klasse vollzieht, in der gesamten Bandbreite
der Gesellschaft zu spüren sein**

На самом деле, разложение, происходящее внутри
правящего класса, будет ощущаться во всем обществе

**Sie wird einen so gewalttätigen, krassen Charakter
annehmen, dass ein kleiner Teil der herrschenden Klasse
sich selbst abtreibt**

Она примет такой жестокий, вопиющий характер, что
небольшая часть правящего класса откажется от нее

**Und diese herrschende Klasse wird sich der revolutionären
Klasse anschließen**

И этот правящий класс присоединится к
революционному классу

**Die revolutionäre Klasse ist die Klasse, die die Zukunft in
ihren Händen hält**

Революционный класс — это класс, который держит
будущее в своих руках

**Wie in früheren Zeiten ging ein Teil des Adels zur
Bourgeoisie über**

Как и в прежние времена, часть дворянства перешла на
сторону буржуазии

**ebenso wird ein Teil der Bourgeoisie zum Proletariat
übergehen**

точно так же часть буржуазии перейдет на сторону
пролетариата

**insbesondere wird ein Teil der Bourgeoisie zu einem Teil
der Bourgeoisie Ideologen übergehen**

в частности, часть буржуазии перейдет на сторону части
идеологов буржуазии

Bourgeoisie Ideologen, die sich auf die Ebene erhoben haben, die historische Bewegung als Ganzes theoretisch zu begreifen

Идеологи буржуазии, поднявшиеся до уровня теоретического осмысления исторического движения в целом

Von allen Klassen, die heute der Bourgeoisie gegenüberstehen, ist das Proletariat allein eine wirklich revolutionäre Klasse

Из всех классов, стоящих сегодня лицом к лицу с буржуазией, только пролетариат является действительно революционным классом

Die anderen Klassen zerfallen und verschwinden schließlich im Angesicht der modernen Industrie

Другие классы разлагаются и в конце концов исчезают перед лицом современной промышленности

das Proletariat ist ihr besonderes und wesentliches Produkt

Пролетариат есть его особый и существенный продукт

Die untere Mittelschicht, der kleine Fabrikant, der Ladenbesitzer, der Handwerker, der Bauer

Низший средний класс, мелкий фабрикант, лавочник, ремесленник, крестьянин

all diese Kämpfe gegen die Bourgeoisie

все эти борются с буржуазией

Sie kämpfen als Fraktionen der Mittelschicht, um sich vor dem Aussterben zu retten

Они борются как фракции среднего класса, чтобы спасти себя от вымирания

Sie sind also nicht revolutionär, sondern konservativ

Поэтому они не революционные, а консервативные

Ja, mehr noch, sie sind reaktionär, denn sie versuchen, das Rad der Geschichte zurückzudrehen

Более того, они реакционны, потому что пытаются повернуть колесо истории вспять

Wenn sie zufällig revolutionär sind, so sind sie es nur im Hinblick auf ihre bevorstehende Überführung in das Proletariat

Если они случайно и являются революционными, то только ввиду их предстоящего перехода в пролетариат

Sie verteidigen also nicht ihre gegenwärtigen, sondern ihre zukünftigen Interessen

Таким образом, они защищают не свои настоящие, а будущие интересы

sie verlassen ihren eigenen Standpunkt, um sich auf den des Proletariats zu stellen

они отказываются от своей собственной точки зрения, чтобы встать на точку зрения пролетариата

Die »gefährliche Klasse«, der soziale Abschaum, diese passiv verrottende Masse, die von den untersten Schichten der alten Gesellschaft abgeworfen wird

«Опасный класс», социальная мразь, эта пассивно гниющая масса, отбрасываемая низшими слоями старого общества

sie können hier und da von einer proletarischen Revolution in die Bewegung hineingerissen werden

Кое-где они могут быть втянуты в движение пролетарской революцией

Seine Lebensbedingungen bereiten ihn jedoch viel mehr auf die Rolle eines bestochenen Werkzeugs reaktionärer Intrigen vor

Однако условия ее жизни в гораздо большей степени подготавливают ее к роли подкупленного орудия реакционных интриг

In den Verhältnissen des Proletariats sind die Verhältnisse der alten Gesellschaft im Allgemeinen bereits praktisch überschwemmt

В условиях пролетариата старое общество в целом уже фактически затоплено

Der Proletarier ist ohne Eigentum

Пролетарий без собственности

sein Verhältnis zu Frau und Kindern hat mit den
Familienverhältnissen der Bourgeoisie nichts mehr gemein

его отношение к жене и детям уже не имеет ничего
общего с семейными отношениями буржуазии

moderne industrielle Arbeit, moderne Unterwerfung unter
das Kapital, dasselbe in England wie in Frankreich, in
Amerika wie in Deutschland

современный промышленный труд, современное
подчинение капиталу, то же самое в Англии, как и во
Франции, в Америке, как и в Германии

Seine Stellung in der Gesellschaft hat ihm jede Spur von
nationalem Charakter genommen

Его положение в обществе лишило его всех следов
национального характера

Gesetz, Moral, Religion sind für ihn so viele Bourgeoisie
Vorurteile

Закон, мораль, религия — вот для него множество
буржуазных предрассудков

und hinter diesen Vorurteilen lauern ebenso viele
Bourgeoisie Interessen

и за этими предрассудками скрываются в засаде столько
же интересов буржуазии

Alle vorhergehenden Klassen, die die Oberhand gewannen,
versuchten, ihren bereits erworbenen Status zu festigen

Все предшествующие классы, одержавшие верх,
стремились укрепить свой уже приобретенный статус

Sie taten dies, indem sie die Gesellschaft als Ganzes ihren
Aneignungsbedingungen unterwarfen

Они сделали это, подчинив общество в целом своим
условиям присвоения

Die Proletarier können nicht Herren der Produktivkräfte der
Gesellschaft werden

Пролетарии не могут стать хозяевами производительных
сил общества

Sie kann dies nur tun, indem sie ihre eigene bisherige
Aneignungsweise abschafft

Она может сделать это, только упразднив свой прежний способ присвоения

Und damit hebt sie auch jede andere bisherige Aneignungsweise auf

Тем самым она упраздняет и все другие прежние способы присвоения

Sie haben nichts Eigenes zu sichern und zu festigen

У них нет ничего своего, что можно было бы обезопасить и укрепить

Ihre Aufgabe ist es, alle bisherigen Sicherheiten und Versicherungen für individuelles Eigentum zu vernichten

Их миссия состоит в том, чтобы уничтожить все предыдущие гарантии и страховки индивидуального имущества

Alle bisherigen historischen Bewegungen waren Bewegungen von Minderheiten

Все предыдущие исторические движения были движениями меньшинств

oder es handelte sich um Bewegungen im Interesse von Minderheiten

или это были движения в интересах меньшинств

Die proletarische Bewegung ist die selbstbewusste, selbständige Bewegung der ungeheuren Mehrheit

Пролетарское движение есть сознательное, самостоятельное движение громадного большинства

Und es ist eine Bewegung im Interesse der großen Mehrheit

И это движение в интересах огромного большинства

Das Proletariat, die unterste Schicht unserer heutigen Gesellschaft

Пролетариат, низший слой нашего современного общества

Sie kann sich nicht regen oder erheben, ohne daß die ganze übergeordnete Schicht der offiziellen Gesellschaft in die Luft geschleudert wird

Она не может ни пошевелиться, ни возвыситься без того, чтобы в воздух не были подняты все вышестоящие слои официального общества

Der Kampf des Proletariats mit der Bourgeoisie ist, wenn auch nicht der Substanz nach, doch zunächst ein nationaler Kampf

Хотя и не по существу, но по форме, борьба пролетариата с буржуазией есть сначала национальная борьба

Das Proletariat eines jeden Landes muss natürlich vor allem mit seiner eigenen Bourgeoisie abrechnen

Пролетариат каждой страны должен, конечно, прежде всего уладить дела со своей буржуазией

Indem wir die allgemeinsten Phasen der Entwicklung des Proletariats schilderten, verfolgten wir den mehr oder weniger verhüllten Bürgerkrieg

Изображая самые общие фазы развития пролетариата, мы прослеживали более или менее завуалированную гражданскую войну

Diese Zivilgesellschaft wütet in der bestehenden Gesellschaft

Это гражданское насилие бушует в существующем обществе

Er wird bis zu dem Punkt wüten, an dem dieser Krieg in eine offene Revolution ausbricht

Она будет бушевать до тех пор, пока эта война не перерастет в открытую революцию

und dann legt der gewaltsame Sturz der Bourgeoisie die Grundlage für die Herrschaft des Proletariats

и тогда насильственное свержение буржуазии закладывает основу господству пролетариата

Bisher beruhte jede Gesellschaftsform, wie wir bereits gesehen haben, auf dem Antagonismus unterdrückender und unterdrückter Klassen

До сих пор всякая форма общества основывалась, как мы уже видели, на антагонизме угнетенных и угнетенных классов

Um aber eine Klasse zu unterdrücken, müssen ihr gewisse Bedingungen zugesichert werden

Но для того, чтобы угнетать класс, ему должны быть обеспечены определенные условия

Die Klasse muss unter Bedingungen gehalten werden, unter denen sie wenigstens ihre sklavische Existenz fortsetzen kann

Класс должен содержаться в условиях, при которых он может, по крайней мере, продолжать свое рабское существование

Der Leibeigene erhob sich in der Zeit der Leibeigenschaft zum Mitglied der Kommune

Крепостной крестьянин в период крепостного права возвысил себя до членства в общине

so wie es dem Kleinbourgeoisie unter dem Joch des feudalen Absolutismus gelang, sich zur Bourgeoisie zu entwickeln

точно так же, как мелкая буржуазия под гнетом феодального абсолютизма успела развиться в буржуазию

Der moderne Arbeiter dagegen sinkt, anstatt sich mit dem Fortschritt der Industrie zu erheben, immer tiefer

Современный рабочий, напротив, вместо того, чтобы подниматься вместе с прогрессом промышленности, опускается все глубже и глубже

Er sinkt unter die Existenzbedingungen seiner eigenen Klasse

Он опускается ниже условий существования своего класса

Er wird ein Bettler, und der Pauperismus entwickelt sich schneller als Bevölkerung und Reichtum

Он становится нищим, а пауперизм развивается быстрее, чем население и богатство

Und hier zeigt sich, dass die Bourgeoisie nicht mehr geeignet ist, die herrschende Klasse in der Gesellschaft zu sein

И здесь становится очевидным, что буржуазия уже непригодна для того, чтобы быть господствующим классом в обществе

und sie ist ungeeignet, der Gesellschaft ihre Existenzbedingungen als übergeordnetes Gesetz aufzuzwingen

И она непригодна для того, чтобы навязывать обществу свои условия существования в качестве высшего закона

Sie ist unfähig zu herrschen, weil sie unfähig ist, ihrem Sklaven in seiner Sklaverei eine Existenz zu sichern

Она непригодна для управления, потому что она неспособна обеспечить существование своему рабу в его рабстве

denn sie kann nicht anders, als ihn in einen solchen Zustand sinken zu lassen, daß sie ihn ernähren muss, statt von ihm gefüttert zu werden

потому что она не может не позволить ему впасть в такое состояние, что она должна кормить его, вместо того, чтобы быть накормленной им

Die Gesellschaft kann nicht länger unter dieser Bourgeoisie leben

Общество не может больше жить при этой буржуазии

Mit anderen Worten, ihre Existenz ist nicht mehr mit der Gesellschaft vereinbar

Иными словами, его существование больше не совместимо с обществом

Die wesentliche Bedingung für die Existenz und die Herrschaft der Bourgeoisie Klasse ist die Bildung und Vermehrung des Kapitals

Существенным условием существования и господства класса буржуазии является образование и увеличение капитала

Die Bedingung für das Kapital ist Lohnarbeit

Условием капитала является наемный труд

Die Lohnarbeit beruht ausschließlich auf der Konkurrenz zwischen den Arbeitern

Наемный труд покоится исключительно на конкуренции между рабочими

Der Fortschritt der Industrie, deren unfreiwilliger Förderer die Bourgeoisie ist, tritt an die Stelle der Isolierung der Arbeiter

Развитие промышленности, невольным покровителем которой является буржуазия, заменяет изоляцию рабочих

durch die Konkurrenz, durch ihre revolutionäre Kombination, durch die Assoziation

за счет конкуренции, за счет их революционного сочетания, за счет объединения

Die Entwicklung der modernen Industrie schneidet ihr die Grundlage unter den Füßen weg, auf der die Bourgeoisie Produkte produziert und sich aneignet

Развитие современной промышленности выбивает у нее из-под ног самый фундамент, на котором буржуазия производит и присваивает продукты

Was die Bourgeoisie vor allem produziert, sind ihre eigenen Totengräber

Буржуазия производит, прежде всего, своих могильщиков

Der Sturz der Bourgeoisie und der Sieg des Proletariats sind gleichermaßen unvermeidlich

Падение буржуазии и победа пролетариата одинаково неизбежны

Proletarier und Kommunisten

Пролетарии и коммунисты

In welchem Verhältnis stehen die Kommunisten zu den Proletariern insgesamt?

В каком отношении находятся коммунисты к пролетариям в целом?

Die Kommunisten bilden keine eigene Partei, die anderen Arbeiterparteien entgegengesetzt ist

Коммунисты не образуют отдельной партии, противостоящей другим рабочим партиям

Sie haben keine Interessen, die von denen des Proletariats als Ganzes getrennt und getrennt sind

У них нет интересов, обособленных и обособленных от интересов пролетариата в целом

Sie stellen keine eigenen sektiererischen Prinzipien auf, nach denen sie die proletarische Bewegung formen und formen könnten

Они не устанавливают никаких собственных сектантских принципов, которыми можно было бы формировать и лепить пролетарское движение

Die Kommunisten unterscheiden sich von den anderen Arbeiterparteien nur durch zwei Dinge

Коммунисты отличаются от других рабочих партий только двумя вещами

Erstens: Sie weisen auf die gemeinsamen Interessen des gesamten Proletariats hin und bringen sie in den Vordergrund, unabhängig von jeder Nationalität

Во-первых, они указывают и выдвигают на первый план общие интересы всего пролетариата, независимо от всякой национальности

Das tun sie in den nationalen Kämpfen der Proletarier der verschiedenen Länder

Так они поступают в национальной борьбе пролетариев разных стран

Zweitens vertreten sie immer und überall die Interessen der gesamten Bewegung

Во-вторых, они всегда и везде представляют интересы движения в целом

das tun sie in den verschiedenen Entwicklungsstadien, die der Kampf der Arbeiterklasse gegen die Bourgeoisie zu durchlaufen hat

Это происходит на различных ступенях развития, через которые должна пройти борьба рабочего класса с буржуазией

Die Kommunisten sind also auf der einen Seite praktisch der fortschrittlichste und entschiedenste Teil der Arbeiterparteien eines jeden Landes

Таким образом, коммунисты являются, с одной стороны, практически самой передовой и решительной частью рабочих партий каждой страны

Sie sind der Teil der Arbeiterklasse, der alle anderen vorantreibt

Они являются той частью рабочего класса, которая толкает вперед всех остальных

Theoretisch haben sie auch den Vorteil, dass sie die Marschlinie klar verstehen

Теоретически у них также есть преимущество в том, что они четко понимают линию марша

Das verstehen sie besser im Vergleich zu der großen Masse des Proletariats

Это они понимают лучше по сравнению с огромной массой пролетариата

Sie verstehen die Bedingungen und die letzten allgemeinen Ergebnisse der proletarischen Bewegung

Они понимают условия и конечные общие результаты пролетарского движения

Das unmittelbare Ziel des Kommunisten ist dasselbe wie das aller anderen proletarischen Parteien

Ближайшая цель коммунистов та же, что и у всех других пролетарских партий

Ihr Ziel ist die Formierung des Proletariats zu einer Klasse

Их целью является превращение пролетариата в класс

sie zielen darauf ab, die Vorherrschaft der Bourgeoisie zu stürzen

они стремятся свергнуть господство буржуазии

das Streben nach politischer Machteroberung durch das Proletariat

Борьба пролетариата за завоевание политической власти

Die theoretischen Schlußfolgerungen der Kommunisten beruhen in keiner Weise auf Ideen oder Prinzipien der Reformer

Теоретические выводы коммунистов никоим образом не основаны на идеях или принципах реформаторов

es waren keine Möchtegern-Universalreformer, die die theoretischen Schlussfolgerungen der Kommunisten erfunden oder entdeckt haben

Не мнимые универсальные реформаторы изобрели или открыли теоретические выводы коммунистов

Sie drücken lediglich in allgemeinen Begriffen tatsächliche Verhältnisse aus, die aus einem bestehenden Klassenkampf hervorgehen

Они лишь выражают в общих чертах действительные отношения, вытекающие из существующей классовой борьбы

Und sie beschreiben die historische Bewegung, die sich unter unseren Augen abspielt und die diesen Klassenkampf hervorgebracht hat

И они описывают историческое движение, происходящее на наших глазах и создавшее эту классовую борьбу

Die Abschaffung bestehender Eigentumsverhältnisse ist keineswegs ein charakteristisches Merkmal des Kommunismus

Уничтожение существующих отношений собственности вовсе не является отличительной чертой коммунизма

Alle Eigentumsverhältnisse in der Vergangenheit waren einem ständigen historischen Wandel unterworfen

Все отношения собственности в прошлом постоянно подвергались историческим изменениям

Und diese Veränderungen waren eine Folge der Veränderung der historischen Bedingungen
И эти изменения были следствием изменения исторических условий
Die Französische Revolution zum Beispiel schaffte das Feudaleigentum zugunsten des Bourgeoisie Eigentums ab
Французская революция, например, отменила феодальную собственность в пользу буржуазной собственности
Das Unterscheidungsmerkmal des Kommunismus ist nicht die Abschaffung des Eigentums im Allgemeinen
Отличительной чертой коммунизма вообще не является уничтожение собственности
aber das Unterscheidungsmerkmal des Kommunismus ist die Abschaffung des Bourgeoisie Eigentums
но отличительной чертой коммунизма является уничтожение буржуазной собственности
Aber das Privateigentum der modernen Bourgeoisie ist der letzte und vollständigste Ausdruck des Systems der Produktion und Aneignung von Produkten
Но современная буржуазия частная собственность является окончательным и наиболее полным выражением системы производства и присвоения продуктов
Es ist der Endzustand eines Systems, das auf Klassengegensätzen beruht, wobei der Klassenantagonismus die Ausbeutung der Vielen durch die Wenigen ist
Это конечное состояние системы, основанной на классовых антагонизмах, где классовый антагонизм — это эксплуатация многих меньшинством
In diesem Sinne läßt sich die Theorie der Kommunisten in einem einzigen Satz zusammenfassen; die Abschaffung des Privateigentums
В этом смысле теория коммунистов может быть резюмирована в одном предложении; Отмена частной собственности

Uns Kommunisten hat man vorgeworfen, das Recht auf persönlichen Eigentumserwerb abschaffen zu wollen

Нас, коммунистов, упрекают в желании уничтожить право личного приобретения собственности

Es wird behauptet, dass diese Eigenschaft die Frucht der eigenen Arbeit eines Menschen ist

Утверждается, что это свойство является плодом собственного труда человека

Und diese Eigenschaft soll die Grundlage aller persönlichen Freiheit, Aktivität und Unabhängigkeit sein.

И эта собственность якобы является основой всякой личной свободы, деятельности и независимости.

"Hart erkämpftes, selbst erworbenes, selbst verdientes Eigentum!"

«С трудом завоеванная, самостоятельно приобретенная, самостоятельно заработанная собственность!»

Meinst du das Eigentum des kleinen Handwerkers und des Kleinbauern?

Вы имеете в виду собственность мелкого ремесленника и мелкого крестьянина?

Meinen Sie eine Form des Eigentums, die der Bourgeoisie Form vorausging?

Вы имеете в виду форму собственности, предшествовавшую буржуазной форме?

Es ist nicht nötig, sie abzuschaffen, die Entwicklung der Industrie hat sie zum großen Teil bereits zerstört

Нет нужды отменять это, развитие промышленности уже в значительной степени разрушило ее

Und die Entwicklung der Industrie zerstört sie immer noch täglich

А развитие промышленности до сих пор ежедневно разрушает ее

Oder meinen Sie das moderne Bourgeoisie Privateigentum?

Или вы имеете в виду современную буржуазную частную собственность?

Aber schafft die Lohnarbeit irgendein Eigentum für den Arbeiter?

Но создает ли наемный труд какую-либо собственность для рабочего?

Nein, die Lohnarbeit schafft nicht ein bisschen von dieser Art von Eigentum!

Нет, наемный труд не создает ни кусочка такой собственности!

Was Lohnarbeit schafft, ist Kapital; jene Art von Eigentum, das Lohnarbeit ausbeutet

То, что создает наемный труд, есть капитал; тот вид собственности, который эксплуатирует наемный труд

Das Kapital kann sich nur unter der Bedingung vermehren, daß es ein neues Angebot an Lohnarbeit für neue Ausbeutung erzeugt

Капитал не может увеличиваться иначе, как при условии возникновения нового предложения наемного труда для новой эксплуатации

Das Eigentum in seiner jetzigen Form beruht auf dem Antagonismus von Kapital und Lohnarbeit

Собственность в ее теперешней форме основана на антагонизме капитала и наемного труда

Betrachten wir beide Seiten dieses Antagonismus

Рассмотрим обе стороны этого антагонизма

Kapitalist zu sein bedeutet nicht nur, einen rein persönlichen Status zu haben

Быть капиталистом – значит иметь не только чисто личный статус

Stattdessen bedeutet Kapitalist zu sein auch, einen sozialen Status in der Produktion zu haben

Напротив, быть капиталистом означает также иметь социальный статус в производстве

weil Kapital ein kollektives Produkt ist; Nur durch das gemeinsame Handeln vieler Mitglieder kann sie in Gang gesetzt werden

потому что капитал является коллективным продуктом;
Только совместными действиями многих членов можно
привести его в движение

Aber dieses gemeinsame Handeln ist der letzte Ausweg und erfordert eigentlich alle Mitglieder der Gesellschaft

Но это объединенное действие является крайней мерой, и
на самом деле оно требует всех членов общества

Das Kapital verwandelt sich in das Eigentum aller Mitglieder der Gesellschaft

Капитал действительно превращается в собственность всех
членов общества

aber das Kapital ist also keine persönliche Macht; Es ist eine gesellschaftliche Macht

но капитал, следовательно, не есть личная сила; Это
социальная сила

Wenn also Kapital in gesellschaftliches Eigentum umgewandelt wird, so verwandelt sich dadurch nicht persönliches Eigentum in gesellschaftliches Eigentum

Таким образом, когда капитал превращается в
общественную собственность, личная собственность не
превращается тем самым в общественную собственность

Nur der gesellschaftliche Charakter des Eigentums wird verändert und verliert seinen Klassencharakter

Изменяется только общественный характер собственности,
который теряет свой классовый характер

Betrachten wir nun die Lohnarbeit

Обратимся теперь к наемному труду

Der Durchschnittspreis der Lohnarbeit ist der Mindestlohn, d.h. das Quantum der Lebensmittel

Средняя цена наемного труда есть минимальная
заработная плата, т. е. величина жизненных средств

Dieser Lohn ist für die bloße Existenz als Arbeiter absolut notwendig

Эта заработная плата абсолютно необходима для простого
существования в качестве рабочего

Was sich also der Lohnarbeiter durch seine Arbeit aneignet, genügt nur, um ein bloßes Dasein zu verlängern und zu reproduzieren

Следовательно, того, что наемный рабочий присваивает своим трудом, достаточно только для того, чтобы продлить и воспроизвести голое существование

Wir beabsichtigen keineswegs, diese persönliche Aneignung der Arbeitsprodukte abzuschaffen

Мы ни в коем случае не намерены уничтожать это личное присвоение продуктов труда

eine Aneignung, die für die Erhaltung und Reproduktion des menschlichen Lebens bestimmt ist

ассигнования, которые производятся для поддержания и воспроизводства человеческой жизни

Eine solche persönliche Aneignung der Arbeitsprodukte lässt keinen Überschuss übrig, mit dem man die Arbeit anderer befehlen könnte

Такое личное присвоение продуктов труда не оставляет излишка, с помощью которого можно было бы распоряжаться трудом других

Alles, was wir beseitigen wollen, ist der erbärmliche Charakter dieser Aneignung

Все, с чем мы хотим покончить, — это жалкий характер этого присвоения

die Aneignung, unter der der Arbeiter lebt, bloß um das Kapital zu vermehren

присвоение, при котором рабочий живет только для того, чтобы приумножить капитал

Er darf nur leben, soweit es das Interesse der herrschenden Klasse erfordert

Ему позволено жить лишь постольку, поскольку этого требуют интересы господствующего класса

In der Bourgeoisie Gesellschaft ist die lebendige Arbeit nur ein Mittel, um die akkumulierte Arbeit zu vermehren

В буржуазном обществе живой труд является лишь средством увеличения накопленного труда

In der kommunistischen Gesellschaft ist die akkumulierte Arbeit nur ein Mittel, um die Existenz des Arbeiters zu erweitern, zu bereichern und zu fördern

В коммунистическом обществе накопленный труд является лишь средством расширения, обогащения, содействия существованию рабочего

In der Bourgeoisie Gesellschaft dominiert daher die Vergangenheit die Gegenwart

Таким образом, в буржуазном обществе прошлое господствует над настоящим

In der kommunistischen Gesellschaft dominiert die Gegenwart die Vergangenheit

в коммунистическом обществе настоящее господствует над прошлым

In der Bourgeoisie Gesellschaft ist das Kapital unabhängig und hat Individualität

В буржуазном обществе капитал независим и обладает индивидуальностью

In der Bourgeoisie Gesellschaft ist der lebende Mensch abhängig und hat keine Individualität

В буржуазном обществе живой человек зависим и не обладает индивидуальностью

Und die Abschaffung dieses Zustandes wird von der Bourgeoisie als Abschaffung der Individualität und Freiheit bezeichnet!

А уничтожение этого положения вещей буржуазия называет уничтожением индивидуальности и свободы!

Und man nennt sie mit Recht die Abschaffung von Individualität und Freiheit!

И это справедливо называется уничтожением индивидуальности и свободы!

Der Kommunismus strebt die Abschaffung der Bourgeoisie Individualität an

Коммунизм направлен на уничтожение индивидуальности буржуазии

Der Kommunismus strebt die Abschaffung der Unabhängigkeit der Bourgeoisie an

Коммунизм стремится к уничтожению независимости буржуазии

Die BourgeoisieFreiheit ist zweifellos das, was der Kommunismus anstrebt

Свобода буржуазии — это, несомненно, то, к чему стремится коммунизм

unter den gegenwärtigen Bourgeoisie Produktionsbedingungen bedeutet Freiheit freien Handel, freien Verkauf und freien Kauf

При нынешних условиях производства буржуазии свобода означает свободную торговлю, свободную продажу и куплю

Aber wenn das Verkaufen und Kaufen verschwindet, verschwindet auch das freie Verkaufen und Kaufen

Но если исчезает продажа и покупка, то исчезает и свободная продажа и покупка

"Mutige Worte" der Bourgeoisie über den freien Verkauf und Kauf haben nur eine begrenzte Bedeutung

«смелые слова» буржуазии о свободной продаже и покупке имеют смысл только в ограниченном смысле

Diese Worte haben nur im Gegensatz zu eingeschränktem Verkauf und Kauf eine Bedeutung

Эти слова имеют смысл только в отличие от ограниченной продажи и покупки

und diese Worte haben nur dann eine Bedeutung, wenn sie auf die gefesselten Händler des Mittelalters angewandt werden

и эти слова имеют смысл только тогда, когда они применяются к скованным торговцам средневековья

und das setzt voraus, dass diese Worte überhaupt eine Bedeutung im Bourgeoisie Sinne haben

и это предполагает, что эти слова даже имеют значение в буржуазном смысле

aber diese Worte haben keine Bedeutung, wenn sie gebraucht werden, um sich gegen die kommunistische Abschaffung des Kaufens und Verkaufens zu wehren

но эти слова не имеют смысла, когда они используются для того, чтобы выступить против коммунистической отмены купли-продажи

die Worte haben keine Bedeutung, wenn sie gebraucht werden, um sich gegen die Abschaffung der Bourgeoisie Produktionsbedingungen zu wehren

Эти слова не имеют смысла, когда они используются для того, чтобы выступить против уничтожения буржуазных условий производства

und sie haben keine Bedeutung, wenn sie benutzt werden, um sich gegen die Abschaffung der Bourgeoisie selbst zu wehren

и они не имеют никакого значения, когда они используются для того, чтобы противостоять уничтожению самой буржуазии

Sie sind entsetzt über unsere Absicht, das Privateigentum abzuschaffen

Вы в ужасе от того, что мы намерены покончить с частной собственностью

Aber in eurer jetzigen Gesellschaft ist das Privateigentum für neun Zehntel der Bevölkerung bereits abgeschafft

Но в вашем нынешнем обществе с частной собственностью уже покончено девять десятых населения

Die Existenz des Privateigentums für einige wenige beruht einzig und allein darauf, dass es in den Händen von neun Zehnteln der Bevölkerung nicht existiert

Существование частной собственности для немногих обусловлено исключительно ее отсутствием в руках девяти десятых населения

Sie werfen uns also vor, daß wir eine Form des Eigentums abschaffen wollen

Поэтому вы упрекаете нас в намерении покончить с формой собственности

Aber das Privateigentum erfordert für die ungeheure Mehrheit der Gesellschaft die Nichtexistenz jeglichen Eigentums

Но частная собственность обусловливает отсутствие всякой собственности для громадного большинства общества

Mit einem Wort, Sie werfen uns vor, daß wir Ihr Eigentum beseitigen wollen

Одним словом, вы упрекаете нас в намерении покончить с вашей собственностью

Und genau so ist es; Ihr Eigentum abzuschaffen, ist genau das, was wir beabsichtigen

И это именно так; избавление от вашей собственности - это именно то, что мы намереваемся

Von dem Augenblick an, wo die Arbeit nicht mehr in Kapital, Geld oder Rente verwandelt werden kann

С того момента, как труд уже не может быть превращен в капитал, деньги или ренту

wenn die Arbeit nicht mehr in eine gesellschaftliche Macht umgewandelt werden kann, die monopolisiert werden kann

когда труд уже не может быть превращен в общественную силу, способную к монополизации

von dem Augenblick an, wo das individuelle Eigentum nicht mehr in Bourgeoisie Eigentum verwandelt werden kann

с того момента, когда индивидуальная собственность уже не может быть превращена в собственность буржуазии

von dem Augenblick an, wo das individuelle Eigentum nicht mehr in Kapital verwandelt werden kann

с того момента, когда индивидуальная собственность уже не может быть превращена в капитал

Von diesem Moment an sagst du, dass die Individualität verschwindet

Вы говорите, что с этого момента индивидуальность исчезает

Sie müssen also gestehen, daß Sie mit »Individuum« keine andere Person meinen als die Bourgeoisie

Вы должны, следовательно, сознаться, что под «отдельным лицом» вы имеете в виду не что иное, как буржуазию

Sie müssen zugeben, dass es sich speziell auf den Bourgeoisie Eigentümer von Immobilien bezieht

Согласитесь, это относится именно к среднему классу, владеющему недвижимостью

Diese Person muss in der Tat aus dem Weg geräumt und unmöglich gemacht werden

Этот человек действительно должен быть сметен с дороги и сделан невозможным

Der Kommunismus beraubt niemanden der Macht, sich die Produkte der Gesellschaft anzueignen

Коммунизм не лишает ни одного человека возможности присваивать продукты общества

Alles, was der Kommunismus tut, ist, ihm die Macht zu nehmen, die Arbeit anderer durch eine solche Aneignung zu unterjochen

Все, что делает коммунизм, — это лишает его возможности порабощать чужой труд посредством такого присвоения

Man hat eingewendet, daß mit der Abschaffung des Privateigentums alle Arbeit aufhören werde

Возражали, что с уничтожением частной собственности прекратится всякая работа

Und dann wird suggeriert, dass uns die universelle Faulheit überwältigen wird

И тогда высказывается предположение, что нас настигнет всеобщая лень

Demnach hätte die BourgeoisieGesellschaft schon längst vor lauter Müßiggang vor die Hunde gehen müssen

Согласно этому, буржуазное общество давно должно было бы пойти на произвол судьбы из-за безделья

denn diejenigen ihrer Mitglieder, die arbeiten, erwerben nichts

потому что те из его членов, которые работают, ничего не приобретают

und diejenigen von ihren Mitgliedern, die etwas erwerben, arbeiten nicht

А те из его членов, которые что-либо приобретают, не работают

Der ganze Einwand ist nur ein weiterer Ausdruck der Tautologie

Все это возражение есть не что иное, как еще одно выражение тавтологии

Es kann keine Lohnarbeit mehr geben, wenn es kein Kapital mehr gibt

Не может быть больше никакого наемного труда, когда нет больше капитала

Es gibt keinen Unterschied zwischen materiellen und mentalen Produkten

Нет никакой разницы между материальными продуктами и ментальными продуктами

Der Kommunismus schlägt vor, dass beides auf die gleiche Weise produziert wird

Коммунизм предполагает, что и то, и другое производится одним и тем же способом

aber die Einwände gegen die kommunistischen Produktionsweisen sind dieselben

но возражения против коммунистических способов их производства те же самые

Für die Bourgeoisie ist das Verschwinden des Klasseneigentums das Verschwinden der Produktion selbst

Для буржуазии исчезновение классовой собственности есть исчезновение самого производства

So ist für ihn das Verschwinden der Klassenkultur identisch mit dem Verschwinden aller Kultur

Таким образом, исчезновение классовой культуры для него тождественно исчезновению всякой культуры

Diese Kultur, deren Verlust er beklagt, ist für die überwiegende Mehrheit ein bloßes Training, um als Maschine zu agieren

Эта культура, об утрате которой он сожалеет, для подавляющего большинства является просто обучением действовать как машина

Die Kommunisten haben die Absicht, die Kultur des Bourgeoisie Eigentums abzuschaffen

Коммунисты очень хотят уничтожить культуру буржуазной собственности

Aber zankt euch nicht mit uns, solange ihr den Maßstab eurer Bourgeoisie Vorstellungen von Freiheit, Kultur, Recht usw. anlegt

Но не спорьте с нами, пока вы применяете стандарт ваших буржуазных понятий о свободе, культуре, праве и т. д

Eure Ideen selbst sind nur die Auswüchse der Bedingungen eurer Bourgeoisie Produktion und eures Bourgeoisie Eigentums

Самые ваши идеи есть не что иное, как порождение условий вашего буржуазного производства и буржуазной собственности

so wie eure Jurisprudenz nichts anderes ist als der Wille eurer Klasse, der zum Gesetz für alle gemacht wurde

Точно так же, как ваша юриспруденция есть не что иное, как воля вашего класса, превращенная в закон для всех

Der wesentliche Charakter und die Richtung dieses Willens werden durch die ökonomischen Bedingungen bestimmt, die Ihre soziale Klasse schafft

Сущность и направление этой воли определяются экономическими условиями, создаваемыми вашим социальным классом

Der selbstsüchtige Irrtum, der dich veranlaßt, soziale Formen in ewige Gesetze der Natur und der Vernunft zu verwandeln

Эгоистичное заблуждение, побуждающее вас превращать общественные формы в вечные законы природы и разума.

die gesellschaftlichen Formen, die aus eurer gegenwärtigen Produktionsweise und Eigentumsform entspringen

общественные формы, проистекающие из вашего
теперешнего способа производства и формы
собственности
**historische Beziehungen, die im Fortschritt der Produktion
auf- und verschwinden**
исторические отношения, возникающие и исчезающие в
процессе производства
**Dieses Missverständnis teilt ihr mit jeder herrschenden
Klasse, die euch vorausgegangen ist**
Это заблуждение вы разделяете со всеми
предшествовавшими вам правящими классами
**Was Sie bei antikem Eigentum klar sehen, was Sie bei
feudalem Eigentum zugeben**
То, что вы ясно видите в случае древней собственности, то,
что вы допускаете в случае феодальной собственности
**diese Dinge dürfen Sie natürlich nicht zugeben, wenn es
sich um Ihre eigene BourgeoisieEigentumsform handelt**
Конечно, вам запрещено признавать эти вещи в
отношении вашей собственной буржуазной формы
собственности
**Abschaffung der Familie! Selbst die Radikalsten entrüsten
sich über diesen infamen Vorschlag der Kommunisten**
Упразднение семьи! Даже самые радикальные вспыхивают
от этого гнусного предложения коммунистов
**Auf welcher Grundlage beruht die heutige Familie, die
BourgeoisieFamilie?**
На каком фундаменте зиждется нынешняя семья, семья
буржуазии?
**Die Gründung der heutigen Familie beruht auf Kapital und
privatem Gewinn**
Основа нынешней семьи основана на капитале и личной
выгоде
**In ihrer voll entwickelten Form existiert diese Familie nur
unter der Bourgeoisie**
В своем вполне развитом виде эта семья существует только
среди буржуазии

Dieser Zustand der Dinge findet seine Ergänzung in der praktischen Abwesenheit der Familie bei den Proletariern

Такое положение вещей дополняется практическим отсутствием семьи у пролетариев

Dieser Zustand ist in der öffentlichen Prostitution zu finden

Такое положение вещей можно найти в публичной проституции

Die BourgeoisieFamilie wird wie selbstverständlich verschwinden, wenn ihr Komplement verschwindet

Буржуазная семья исчезнет как нечто само собой разумеющееся, когда исчезнет ее дополнение

Und beides wird mit dem Verschwinden des Kapitals verschwinden

И обе эти воли исчезнут с исчезновением капитала

Werfen Sie uns vor, dass wir die Ausbeutung von Kindern durch ihre Eltern stoppen wollen?

Вы обвиняете нас в том, что мы хотим остановить эксплуатацию детей их родителями?

Diesem Verbrechen bekennen wir uns schuldig

В этом преступлении мы признаем себя виновными

Aber, werden Sie sagen, wir zerstören die heiligsten Beziehungen, wenn wir die häusliche Erziehung durch die soziale Erziehung ersetzen

Но, скажете вы, мы разрушаем самые священные отношения, когда заменяем домашнее воспитание социальным воспитанием

Ist Ihre Erziehung nicht auch sozial? Und wird sie nicht von den gesellschaftlichen Bedingungen bestimmt, unter denen man erzieht?

Разве ваше образование не является социальным? И разве это не определяется социальными условиями, в которых вы обучаетесь?

durch direkte oder indirekte Eingriffe in die Gesellschaft, durch Schulen usw.

прямым или косвенным вмешательством общества, школами и т.д.

Die Kommunisten haben die Einmischung der Gesellschaft in die Erziehung nicht erfunden

Коммунисты не придумали вмешательство общества в образование

Sie versuchen lediglich, den Charakter dieses Eingriffs zu ändern

Они лишь пытаются изменить характер этого вмешательства

Und sie versuchen, das Bildungswesen vor dem Einfluss der herrschenden Klasse zu retten

И они стремятся спасти образование от влияния правящего класса

Die Bourgeoisie spricht von der geheiligten Beziehung von Eltern und Kind

Буржуазия говорит о священных отношениях между родителем и ребенком

aber dieses Geschwätz über die Familie und die Erziehung wird um so widerwärtiger, wenn wir die moderne Industrie betrachten

но эта болтовня о семье и образовании становится еще более отвратительной, когда мы смотрим на современную промышленность

Alle Familienbande unter den Proletariern werden durch die moderne Industrie zerrissen

Все семейные связи у пролетариев разорваны современной промышленностью

ihre Kinder werden zu einfachen Handelsartikeln und Arbeitsinstrumenten

Их дети превращаются в простые предметы торговли и орудия труда

Aber ihr Kommunisten würdet eine Gemeinschaft von Frauen schaffen, schreit die ganze Bourgeoisie im Chor

А вы, коммунисты, создали бы женское сообщество, хором кричит вся буржуазия

Die Bourgeoisie sieht in seiner Frau ein bloßes Produktionsinstrument

Буржуазия видит в своей жене простое орудие производства

Er hört, dass die Produktionsmittel von allen ausgebeutet werden sollen

Он слышит, что орудия производства должны эксплуатироваться всеми

Und natürlich kann er zu keinem anderen Schluß kommen, als daß das Los, allen gemeinsam zu sein, auch den Frauen zufallen wird

И, естественно, он не может прийти ни к какому другому заключению, кроме того, что жребий быть общим для всех также выпадет на долю женщин

Er hat nicht einmal den geringsten Verdacht, dass es in Wirklichkeit darum geht, die Stellung der Frau als bloße Produktionsinstrumente abzuschaffen

Он даже не подозревает, что реальная цель состоит в том, чтобы покончить со статусом женщин как простых орудий производства

Im übrigen ist nichts lächerlicher als die tugendhafte Empörung unserer Bourgeoisie über die Gemeinschaft der Frauen

В остальном нет ничего смешнее, чем добродетельное негодование нашей буржуазии по поводу женской общности

sie tun so, als ob sie von den Kommunisten offen und offiziell eingeführt werden sollte

они делают вид, что она открыто и официально установлена коммунистами

Die Kommunisten haben es nicht nötig, die Gemeinschaft der Frauen einzuführen, sie existiert fast seit undenklichen Zeiten

Коммунистам нет нужды вводить женскую общину, она существует почти с незапамятных времен

Unsere Bourgeoisie begnügt sich nicht damit, die Frauen und Töchter ihrer Proletarier zur Verfügung zu haben

Наша буржуазия не довольствуется тем, что имеет в своем распоряжении жен и дочерей своих пролетариев

Sie haben das größte Vergnügen daran, ihre Frauen gegenseitig zu verführen

Они получают величайшее удовольствие от соблазнения жен друг друга

Und das ist noch nicht einmal von gewöhnlichen Prostituierten zu sprechen

И это не говоря уже об обычных проститутках

Die BourgeoisieEhe ist in Wirklichkeit ein System gemeinsamer Ehefrauen

Буржуазный брак в действительности представляет собой систему общих жен

dann gibt es eine Sache, die man den Kommunisten vielleicht vorwerfen könnte

то есть одна вещь, в которой коммунистов можно было бы упрекнуть

Sie wollen eine offen legalisierte Gemeinschaft von Frauen einführen

Они хотят создать открыто легализованное женское сообщество

statt einer heuchlerisch verhüllten Gemeinschaft von Frauen

а не лицемерно скрываемое сообщество женщин

Die Gemeinschaft der Frauen, die aus dem Produktionssystem hervorgegangen ist

Женское сообщество, вытекающее из производственной системы

Schafft das Produktionssystem ab, und ihr schafft die Gemeinschaft der Frauen ab

Упраздните систему производства, и вы упраздните женскую общность

Sowohl die öffentliche Prostitution als auch die private Prostitution wird abgeschafft

Упраздняется как публичная проституция, так и частная проституция

Den Kommunisten wird noch dazu vorgeworfen, sie wollten Länder und Nationalitäten abschaffen

Коммунистов еще больше упрекают в том, что они хотят уничтожить страны и национальности

Die Arbeiter haben kein Vaterland, also können wir ihnen nicht nehmen, was sie nicht haben

У трудящихся нет родины, поэтому мы не можем отнять у них то, чего у них нет

Das Proletariat muss vor allem die politische Herrschaft erlangen

Пролетариат должен прежде всего приобрести политическое господство

Das Proletariat muss sich zur führenden Klasse der Nation erheben

Пролетариат должен подняться, чтобы стать руководящим классом нации

Das Proletariat muss sich zur Nation konstituieren

Пролетариат должен стать нацией

sie ist bis jetzt selbst national, wenn auch nicht im Bourgeoisie Sinne des Wortes

она сама пока национальна, хотя и не в буржуазном смысле этого слова

Nationale Unterschiede und Gegensätze zwischen den Völkern verschwinden täglich mehr und mehr

Национальные различия и антагонизмы между народами с каждым днем все более и более исчезают

der Entwicklung der Bourgeoisie, der Freiheit des Handels, des Weltmarktes

благодаря развитию буржуазии, свободе торговли, мировому рынку

zur Gleichförmigkeit der Produktionsweise und der ihr entsprechenden Lebensbedingungen

к единообразию в способе производства и в соответствующих ему условиях жизни

Die Herrschaft des Proletariats wird sie noch schneller verschwinden lassen

Господство пролетариата приведет к тому, что они исчезнут еще быстрее

Die einheitliche Aktion, wenigstens der führenden zivilisierten Länder, ist eine der ersten Bedingungen für die Befreiung des Proletariats

Объединенные действия, по крайней мере, ведущих цивилизованных стран, являются одним из первых условий освобождения пролетариата

In dem Maße, wie der Ausbeutung eines Individuums durch ein anderes ein Ende gesetzt wird, wird auch der Ausbeutung einer Nation durch eine andere ein Ende gesetzt.

В той мере, в какой будет прекращена эксплуатация одного индивида другим, будет прекращена и эксплуатация одной нации другой.

In dem Maße, wie der Antagonismus zwischen den Klassen innerhalb der Nation verschwindet, wird die Feindschaft einer Nation gegen die andere ein Ende haben

По мере того, как исчезает антагонизм между классами внутри нации, прекращается и враждебность одной нации к другой

Die Anschuldigungen gegen den Kommunismus, die von einem religiösen, philosophischen und allgemein von einem ideologischen Standpunkt aus erhoben werden, verdienen keine ernsthafte Prüfung

Обвинения против коммунизма, выдвинутые с религиозной, философской и вообще идеологической точки зрения, не заслуживают серьезного рассмотрения

Braucht es eine tiefe Intuition, um zu begreifen, dass sich die Ideen, Ansichten und Vorstellungen des Menschen mit jeder Veränderung der Bedingungen seiner materiellen Existenz ändern?

Нужна ли глубокая интуиция, чтобы понять, что идеи, взгляды и представления человека меняются с каждым изменением условий его материального существования?

Ist es nicht offensichtlich, dass das Bewusstsein des Menschen sich Verändert, wenn seine sozialen Beziehungen und sein soziales Leben ändern?

Разве не очевидно, что сознание человека изменяется, когда изменяются его общественные отношения и его общественная жизнь?

Was beweist die Ideengeschichte anderes, als daß die geistige Produktion ihren Charakter in dem Maße ändert, wie die materielle Produktion verändert wird?

Что еще доказывает история идей, как не то, что умственное производство изменяет свой характер по мере изменения материального производства?

Die herrschenden Ideen eines jeden Zeitalters waren immer die Ideen seiner herrschenden Klasse

Господствующими идеями каждой эпохи всегда были идеи ее господствующего класса

Wenn Menschen von Ideen sprechen, die die Gesellschaft revolutionieren, drücken sie nur eine Tatsache aus

Когда люди говорят об идеях, которые революционизируют общество, они говорят только об одном факте

Innerhalb der alten Gesellschaft wurden die Elemente einer neuen geschaffen

В старом обществе созданы элементы нового

und daß die Auflösung der alten Ideen mit der Auflösung der alten Daseinsverhältnisse Schritt hält

и что разложение старых идей идет ровно в ногу с разложением старых условий существования

Als die Antike in den letzten Zügen lag, wurden die alten Religionen vom Christentum überwunden

Когда древний мир переживал последние агонии, древние религии были побеждены христианством

Als die christlichen Ideen im 18. Jahrhundert den rationalistischen Ideen erlagen, kämpfte die feudale Gesellschaft ihren Todeskampf mit der damals revolutionären Bourgeoisie

Когда в 18 веке христианские идеи уступили место рационалистическим идеям, феодальное общество вело смертельную битву с тогдашней революционной буржуазией

Die Ideen der Religions- und Gewissensfreiheit brachten lediglich die Herrschaft des freien Wettbewerbs auf dem Gebiet des Wissens zum Ausdruck

Идеи религиозной свободы и свободы совести лишь выражали господство свободной конкуренции в области знания

"Zweifellos", wird man sagen, "sind religiöse, moralische, philosophische und juristische Ideen im Laufe der geschichtlichen Entwicklung modifiziert worden"

«Несомненно, — скажут нам, — религиозные, нравственные, философские и юридические идеи видоизменялись в ходе исторического развития»

"Aber Religion, Moralphilosophie, Politikwissenschaft und Recht überlebten diesen Wandel ständig."

«Но религия, мораль, философия, политология и право постоянно переживали эту перемену»

"Es gibt auch ewige Wahrheiten, wie Freiheit, Gerechtigkeit usw."

«Есть и вечные истины, такие как Свобода, Справедливость и т.д.»

"Diese ewigen Wahrheiten sind allen Zuständen der Gesellschaft gemeinsam"

«Эти вечные истины являются общими для всех состояний общества»

"Aber der Kommunismus schafft die ewigen Wahrheiten ab, er schafft alle Religion und alle Moral ab."

«Но коммунизм упраздняет вечные истины, он уничтожает всякую религию и всякую мораль»

"Sie tut dies, anstatt sie auf einer neuen Grundlage zu konstituieren"

«Он делает это вместо того, чтобы конституировать их на новой основе»

"Sie handelt daher im Widerspruch zu allen bisherigen historischen Erfahrungen"

«Следовательно, она действует в противоречии со всем прошлым историческим опытом»

Worauf reduziert sich dieser Vorwurf?

К чему сводится это обвинение?

Die Geschichte aller vergangenen Gesellschaften hat in der Entwicklung von Klassengegensätzen bestanden

История всего прошлого общества состояла в развитии классовых антагонизмов

Antagonismen, die in verschiedenen Epochen unterschiedliche Formen annahmen

антагонизмы, принимавшие различные формы в разные эпохи

Aber welche Form sie auch immer angenommen haben mögen, eine Tatsache ist allen vergangenen Zeitaltern gemeinsam

Но какую бы форму они ни принимали, один факт является общим для всех прошлых веков

die Ausbeutung eines Teils der Gesellschaft durch den anderen

эксплуатация одной части общества другой

Kein Wunder also, dass sich das gesellschaftliche Bewußtsein vergangener Zeiten innerhalb gewisser allgemeiner Formen oder allgemeiner Vorstellungen bewegt

Неудивительно поэтому, что общественное сознание прошлых веков движется в пределах некоторых общих форм или общих идей

(und das trotz aller Vielfalt und Vielfalt, die es zeigt)

(и это несмотря на всю множественность и разнообразие, которые он демонстрирует)

Und diese können nur mit dem gänzlichen Verschwinden der Klassengegensätze völlig verschwinden

И они не могут полностью исчезнуть иначе, как с полным исчезновением классовых антагонизмов

Die kommunistische Revolution ist der radikalste Bruch mit den traditionellen Eigentumsverhältnissen

Коммунистическая революция – это самый радикальный разрыв с традиционными отношениями собственности

Kein Wunder, dass ihre Entwicklung den radikalsten Bruch mit den traditionellen Vorstellungen mit sich bringt

Неудивительно, что его развитие предполагает самый радикальный разрыв с традиционными представлениями

Aber lassen wir die Einwände der Bourgeoisie gegen den Kommunismus hinter uns

Но покончим с возражениями буржуазии против коммунизма

Wir haben oben den ersten Schritt der Arbeiterklasse in der Revolution gesehen

Выше мы видели первый шаг в революции рабочего класса

Das Proletariat muss zur Herrschaft erhoben werden, um den Kampf der Demokratie zu gewinnen

Пролетариат должен быть поднят на господствующее положение, чтобы выиграть битву за демократию

Das Proletariat wird seine politische Vorherrschaft benutzen, um der Bourgeoisie nach und nach alles Kapital zu entreißen

Пролетариат воспользуется своим политическим господством для того, чтобы постепенно вырвать у буржуазии весь капитал

sie wird alle Produktionsmittel in den Händen des Staates zentralisieren

она централизует все орудия производства в руках государства

Mit anderen Worten, das Proletariat organisierte sich als herrschende Klasse

Иными словами, пролетариат организовался как господствующий класс

Und sie wird die Summe der Produktivkräfte so schnell wie möglich vermehren

И это позволит как можно быстрее увеличить
совокупность производительных сил
**Natürlich kann dies anfangs nur durch despotische Eingriffe
in die Eigentumsrechte geschehen**
Конечно, на первых порах это может быть достигнуто
только путем деспотических посягательств на права
собственности
**und sie muss unter den Bedingungen der Bourgeoisie
Produktion erreicht werden**
и это должно быть достигнуто на условиях буржуазного
производства
**Sie wird also durch Maßnahmen erreicht, die wirtschaftlich
unzureichend und unhaltbar erscheinen**
Поэтому она достигается мерами, которые
представляются экономически недостаточными и
несостоятельными
**aber diese Mittel überflügeln sich im Laufe der Bewegung
selbst**
Но эти средства в ходе движения опережают сами себя
**sie erfordern weitere Eingriffe in die alte
Gesellschaftsordnung**
Они требуют дальнейшего посягательства на старый
общественный порядок
**und sie sind unvermeidlich, um die Produktionsweise völlig
zu revolutionieren**
И они неизбежны как средство полной революции в
способе производства
**Diese Maßnahmen werden natürlich in den verschiedenen
Ländern unterschiedlich sein**
Конечно, в разных странах эти меры будут разными
**Nichtsdestotrotz wird in den am weitesten fortgeschrittenen
Ländern das Folgende ziemlich allgemein anwendbar sein**
Тем не менее, в наиболее развитых странах в целом
применимы следующие положения

1. Abschaffung des Grundeigentums und Verwendung aller Grundrenten für öffentliche Zwecke.

1. Отмена земельной собственности и использование всей земельной ренты на общественные нужды.

2. Eine hohe progressive oder abgestufte Einkommensteuer.

2. Большой прогрессивный или прогрессивный подоходный налог.

3. Abschaffung jeglichen Erbrechts.

3. Отмена всех прав наследования.

4. Konfiskation des Eigentums aller Emigranten und Rebellen.

4. Конфискация имущества всех эмигрантов и мятежников.

5. Zentralisierung des Kredits in den Händen des Staates durch eine Nationalbank mit staatlichem Kapital und ausschließlichem Monopol.

5. Централизация кредита в руках государства посредством национального банка с государственным капиталом и исключительной монополией.

6. Zentralisierung der Kommunikations- und Transportmittel in den Händen des Staates.

6. Централизация средств сообщения и транспорта в руках государства.

7. Ausbau der Fabriken und Produktionsmittel im Eigentum des Staates

7. Расширение фабрик и орудий производства, принадлежащих государству

die Kultivierung von Ödland und die Verbesserung des Bodens überhaupt nach einem gemeinsamen Plan.

Возделывание пустырей и улучшение почвы вообще в соответствии с общим планом.

8. Gleiche Haftung aller für die Arbeit

8. Равная ответственность всех перед трудом

Aufbau von Industriearmeen, vor allem für die Landwirtschaft.

Создание промышленных армий, особенно для сельского хозяйства.

9. Kombination der Landwirtschaft mit dem verarbeitenden Gewerbe

9. Сочетание сельского хозяйства с обрабатывающими отраслями промышленности

allmähliche Aufhebung der Unterscheidung zwischen Stadt und Land durch eine gleichmäßigere Verteilung der Bevölkerung über das Land.

постепенное уничтожение различия между городом и деревней путем более равномерного распределения населения по стране.

10. Kostenlose Bildung für alle Kinder in öffentlichen Schulen.

10. Бесплатное образование для всех детей в государственных школах.

Abschaffung der Kinderfabrikarbeit in ihrer jetzigen Form

Уничтожение детского фабричного труда в его нынешнем виде

Kombination von Bildung und industrieller Produktion

Совмещение образования с промышленным производством

Wenn im Laufe der Entwicklung die Klassenunterschiede verschwunden sind

Когда в ходе развития классовые различия исчезли

und wenn die ganze Produktion in den Händen einer ungeheuren Assoziation der ganzen Nation konzentriert ist

и когда все производство сосредоточено в руках обширного объединения всей нации

dann verliert die Staatsgewalt ihren politischen Charakter

Тогда публичная власть потеряет свой политический характер

Politische Macht, eigentlich so genannt, ist nichts anderes als die organisierte Macht einer Klasse, um eine andere zu unterdrücken

Политическая власть, собственно говоря, есть не что иное, как организованная власть одного класса для угнетения другого

Wenn das Proletariat in seinem Kampf mit der Bourgeoisie durch die Gewalt der Umstände gezwungen ist, sich als Klasse zu organisieren

Если пролетариат в своей борьбе с буржуазией вынужден силой обстоятельств организоваться как класс

wenn sie sich durch eine Revolution zur herrschenden Klasse macht

если посредством революции она сделает себя господствующим классом

und als solche fegt sie mit Gewalt die alten Produktionsbedingungen hinweg

И как таковая она силой сметает старые условия производства

dann wird sie mit diesen Bedingungen auch die Bedingungen für die Existenz der Klassengegensätze und der Klassen überhaupt hinweggefegt haben

то вместе с этими условиями она уничтожила бы и условия существования классовых антагонизмов и классов вообще

und wird damit seine eigene Vorherrschaft als Klasse aufgehoben haben.

и тем самым упразднит свое собственное господство как класса.

An die Stelle der alten Bourgeoisie Gesellschaft mit ihren Klassen und Klassengegensätzen treten eine Assoziation

Вместо старого буржуазного общества с его классами и классовыми антагонизмами мы будем иметь ассоциацию

eine Assoziation, in der die freie Entwicklung eines jeden die Bedingung für die freie Entwicklung aller ist

ассоциация, в которой свободное развитие каждого является условием свободного развития всех

1) Reaktionärer Sozialismus
1) Реакционный социализм

a) Feudaler Sozialismus
a) Феодальный социализм

die Aristokratien Frankreichs und Englands hatten eine einzigartige historische Stellung
аристократии Франции и Англии занимали уникальное историческое положение

es wurde zu ihrer Berufung, Pamphlete gegen die moderne Boureoisie Gesellschaft zu schreiben
Их призванием стало написание памфлетов против современного буржуазного общества

In der französischen Revolution vom Juli 1830 und in der englischen Reformagitation
Во Французской революции 1830 г. и в английской реформаторской агитации

Diese Aristokratien erlagen wieder dem hasserfüllten Emporkömmling
Эти аристократии снова поддались ненавистному выскочке

An eine ernsthafte politische Auseinandersetzung war fortan nicht mehr zu denken
С этого момента ни о каком серьезном политическом соперничестве не могло быть и речи

Alles, was möglich blieb, war eine literarische Schlacht, keine wirkliche Schlacht
Все, что оставалось возможным, это литературная битва, а не настоящая битва

Aber auch auf dem Gebiet der Literatur waren die alten Schreie der Restaurationszeit unmöglich geworden
Но даже в области литературы старые крики эпохи Реставрации стали невозможными

Um Sympathie zu erregen, mußte die Aristokratie offenbar ihre eigenen Interessen aus den Augen verlieren

Чтобы вызвать сочувствие, аристократия вынуждена была забыть, по-видимому, о собственных интересах

und sie waren gezwungen, ihre Anklage gegen die Bourgeoisie im Interesse der ausgebeuteten Arbeiterklasse zu formulieren

и они должны были сформулировать свой обвинительный акт против буржуазии в интересах эксплуатируемого рабочего класса

So rächte sich die Aristokratie, indem sie ihren neuen Herrn verspottete

Таким образом, аристократия отомстила, распевая пародии на своего нового хозяина

Und sie rächten sich, indem sie ihm unheimliche Prophezeiungen über die kommende Katastrophe ins Ohr flüsterten

И они отомстили, нашептав ему на уши зловещие пророчества о грядущей катастрофе

So entstand der feudale Sozialismus: halb Klage, halb Spott

Так возник феодальный социализм: наполовину плач, наполовину памфлет

Es klang halb wie ein Echo der Vergangenheit und projizierte halb die Bedrohung der Zukunft

Он звучал наполовину как эхо прошлого и наполовину как угроза будущего

zuweilen traf sie durch ihre bittere, geistreiche und scharfe Kritik die Bourgeoisie bis ins Mark

временами своей горькой, остроумной и острой критикой она поражала буржуазию до глубины души

aber es war immer lächerlich in seiner Wirkung, weil es völlig unfähig war, den Gang der neueren Geschichte zu begreifen

Но она всегда была смехотворна по своему эффекту из-за полной неспособности понять ход современной истории

Die Aristokratie schwenkte, um das Volk um sich zu scharen, den proletarischen Almosensack als Banner

Аристократия, чтобы сплотить вокруг себя народ, размахивала перед собой пролетарским мешком с подаянием за знамя

Aber das Volk, so oft es sich zu ihnen gesellte, sah auf seinem Hinterteil die alten Feudalwappen

Но народ всякий раз, когда присоединялся к нему, видел на своих задних лапах старые феодальные гербы

Und sie verließen mit lautem und respektlosem Gelächter

И они покинули его с громким и непочтительным смехом

Ein Teil der französischen Legitimisten und des "jungen Englands" zeigte dieses Schauspiel

Одна часть французских легитимистов и «Молодой Англии» устроила это зрелище

die Feudalisten wiesen darauf hin, dass ihre Ausbeutungsweise eine andere sei als die der Bourgeoisie

феодалы указывали на то, что их способ эксплуатации отличается от способа эксплуатации буржуазии

Die Feudalisten vergessen, dass sie unter ganz anderen Umständen und Bedingungen ausgebeutet haben

Феодалы забывают, что они эксплуатировали в совершенно иных условиях и обстоятельствах

Und sie haben nicht bemerkt, dass solche Methoden der Ausbeutung heute veraltet sind

И не заметили, что такие методы эксплуатации сейчас устарели

Sie zeigten, dass unter ihrer Herrschaft das moderne Proletariat nie existiert hat

Они показали, что при их правлении современного пролетариата никогда не существовало

aber sie vergessen, daß die moderne Bourgeoisie der notwendige Sprößling ihrer eigenen Gesellschaftsform ist

но они забывают, что современная буржуазия является необходимым порождением их собственной формы общества

Im übrigen verbergen sie kaum den reaktionären Charakter ihrer Kritik

В остальном же они едва ли скрывают реакционный характер своей критики

ihre Hauptanklage gegen die Bourgeoisie läuft auf folgendes hinaus

их главное обвинение против буржуазии сводится к следующему

unter dem Boureoisie Regime entwickelt sich eine soziale Klasse

при буржуазном режиме развивается социальный класс

Diese soziale Klasse ist dazu bestimmt, die alte Gesellschaftsordnung an der Wurzel zu zerschneiden

Этому социальному классу суждено пересечь корни и ветви старого общественного порядка

Womit sie die Bourgeoisie aufpeppen, ist nicht so sehr, dass sie ein Proletariat schafft

Они упрекают буржуазию не столько в том, что она создает пролетариат

womit sie die Bourgeoisie aufpeppen, ist mehr, dass sie ein revolutionäres Proletariat schafft

то, в чем они упрекают буржуазию, тем более, что она создает революционный пролетариат

In der politischen Praxis beteiligen sie sich daher an allen Zwangsmaßnahmen gegen die Arbeiterklasse

Поэтому в политической практике они присоединяются ко всем принудительным мерам против рабочего класса

Und im gewöhnlichen Leben bücken sie sich, trotz ihrer hochtrabenden Phrasen, um die goldenen Äpfel aufzuheben, die vom Baum der Industrie fallen gelassen wurden

А в обычной жизни, несмотря на свои высокопарные фразы, они наклоняются, чтобы сорвать золотые яблоки, упавшие с дерева промышленности

Und sie tauschen Wahrheit, Liebe und Ehre gegen den Handel mit Wolle, Rote-Bete-Zucker und Kartoffelbränden

И они обменивают истину, любовь и честь на торговлю шерстью, свекловичным сахаром и картофельным спиртом

Wie der Pfarrer immer Hand in Hand mit dem Gutsherrn gegangen ist, so ist es der klerikale Sozialismus mit dem feudalen Sozialismus getan

Как священник всегда шел рука об руку с помещиком, так и клерикальный социализм шел рука об руку с феодальным социализмом

Nichts ist leichter, als der christlichen Askese einen sozialistischen Anstrich zu geben

Нет ничего легче, как придать христианскому аскетизму социалистический оттенок

Hat nicht das Christentum gegen das Privateigentum, gegen die Ehe, gegen den Staat deklamiert?

Разве христианство не выступало против частной собственности, против брака, против государства?

Hat das Christentum nicht an die Stelle dieser Nächstenliebe und Armut getreten?

Разве христианство не проповедовало вместо них милосердие и бедность?

Predigt das Christentum nicht den Zölibat und die Abtötung des Fleisches, das monastische Leben und die Mutter Kirche?

Разве христианство не проповедует безбрачие и умерщвление плоти, монашескую жизнь и Мать-Церковь?

Der christliche Sozialismus ist nur das Weihwasser, mit dem der Priester das Herzbrennen des Aristokraten weiht

Христианский социализм есть не что иное, как святая вода, которой священник освящает горящие сердца аристократа

b) Kleinbürgerlicher Sozialismus
б) Мелкобуржуазный социализм

**Die feudale Aristokratie war nicht die einzige Klasse, die
von der Bourgeoisie ruiniert wurde**
Феодальная аристократия была не единственным классом,
разоренным буржуазией
**sie war nicht die einzige Klasse, deren Existenzbedingungen
in der Atmosphäre der modernen Bourgeoisie Gesellschaft
schmachten und zugrunde gingen**
Это был не единственный класс, условия существования
которого страдали и гибли в атмосфере современного
буржуазного общества
**Die mittelalterliche Bürgerschaft und die kleinbäuerlichen
Eigentümer waren die Vorläufer des modernen Bourgeoisie**
Средневековые горожане и мелкие крестьяне-
собственники были предшественниками современной
буржуазии
**In den Ländern, die industriell und kommerziell nur wenig
entwickelt sind, vegetieren diese beiden Klassen noch Seite
an Seite**
В тех странах, которые мало развиты в промышленном и
торговом отношении, эти два класса все еще прозябают
бок о бок
**und in der Zwischenzeit erhebt sich die Bourgeoisie neben
ihnen: industriell, kommerziell und politisch**
а между тем буржуазия поднимается рядом с ними: в
промышленном, торговом и политическом отношении
**In den Ländern, in denen die moderne Zivilisation voll
entwickelt ist, hat sich eine neue Klasse des
Kleinbourgeoisie gebildet**
В странах, где современная цивилизация достигла полного
развития, образовался новый класс мелкой буржуазии
**diese neue soziale Klasse schwankt zwischen Proletariat
und Bourgeoisie**

этот новый социальный класс колеблется между пролетариатом и буржуазией

und sie erneuert sich ständig als ergänzender Teil der Bourgeoisie Gesellschaft

и она постоянно обновляется как дополнительная часть буржуазного общества

Die einzelnen Glieder dieser Klasse aber werden fortwährend in das Proletariat hinabgeschleudert

Но отдельные члены этого класса постоянно низвергаются в пролетариат

sie werden vom Proletariat durch die Einwirkung der Konkurrenz aufgesaugt

Они поглощаются пролетариатом под действием конкуренции

In dem Maße, wie sich die moderne Industrie entwickelt, sehen sie sogar den Augenblick herannahen, in dem sie als eigenständiger Teil der modernen Gesellschaft völlig verschwinden wird

По мере развития современной промышленности они даже видят приближение момента, когда они полностью исчезнут как самостоятельная часть современного общества

Sie werden in der Manufaktur, in der Landwirtschaft und im Handel durch Aufseher, Gerichtsvollzieher und Krämer ersetzt werden

В промышленности, сельском хозяйстве и торговле они будут заменены надзирателями, судебными приставами и лавочниками

In Ländern wie Frankreich, wo die Bauern weit mehr als die Hälfte der Bevölkerung ausmachen

В таких странах, как Франция, где крестьяне составляют гораздо больше половины населения

es war natürlich, dass es Schriftsteller gab, die sich auf die Seite des Proletariats gegen die Bourgeoisie stellten

естественно, что там есть писатели, которые встали на сторону пролетариата против буржуазии

in ihrer Kritik am Bourgeoisie Regime benutzten sie den Maßstab des Bauern- und Kleinbourgeoisie

в своей критике буржуазного режима они пользовались мерилом крестьянской и мелкой буржуазии

Und vom Standpunkt dieser Zwischenklassen aus ergreifen sie die Keule für die Arbeiterklasse

И с точки зрения этих промежуточных классов они берутся за дубину рабочего класса

So entstand der Kleinbourgeoisie Sozialismus, dessen Haupt Sismondi nicht nur in Frankreich, sondern auch in England war

Так возник мелкобуржуазный социализм, главой которого был Сисмонди, не только во Франции, но и в Англии

Diese Schule des Sozialismus sezierte mit großer Schärfe die Widersprüche in den Bedingungen der modernen Produktion

Эта школа социализма с большой остротой вскрывала противоречия в условиях современного производства

Diese Schule entlarvte die heuchlerischen Entschuldigungen der Ökonomen

Эта школа обнажила лицемерные извинения экономистов

Diese Schule bewies unwiderlegbar die verheerenden Auswirkungen der Maschinerie und der Arbeitsteilung

Эта школа неопровержимо доказала гибельность машин и разделения труда

Es bewies die Konzentration von Kapital und Grund und Boden in wenigen Händen

Она доказала концентрацию капитала и земли в немногих руках

sie bewies, wie Überproduktion zu Bourgeoisie-Krisen führt

она доказала, как перепроизводство приводит к кризисам буржуазии

sie wies auf den unvermeidlichen Ruin des Kleinbourgeoisie' und der Bauern hin

она указывала на неизбежное разорение мелкой буржуазии и крестьянства

das Elend des Proletariats, die Anarchie in der Produktion, die schreiende Ungleichheit in der Verteilung des Reichtums

нищета пролетариата, анархия в производстве, вопиющее неравенство в распределении богатства

Er zeigte, wie das Produktionssystem den industriellen Vernichtungskrieg zwischen den Nationen führt

Она показала, как производственная система ведет индустриальную войну на уничтожение между нациями

die Auflösung der alten sittlichen Bande, der alten Familienverhältnisse, der alten Nationalitäten

Разложение старых нравственных уз, старых семейных отношений, старых национальностей

In ihren positiven Zielen strebt diese Form des Sozialismus jedoch eines von zwei Dingen an

Однако в своих позитивных целях эта форма социализма стремится достичь одного из двух

Entweder zielt sie darauf ab, die alten Produktions- und Tauschmittel wiederherzustellen

Либо она направлена на восстановление старых средств производства и обмена

und mit den alten Produktionsmitteln würde sie die alten Eigentumsverhältnisse und die alte Gesellschaft wiederherstellen

А со старыми средствами производства она восстановила бы старые отношения собственности и старое общество

oder sie zielt darauf ab, die modernen Produktions- und Austauschmittel in den alten Rahmen der Eigentumsverhältnisse zu zwängen

Или же она стремится втиснуть современные средства производства и обмена в старые рамки отношений собственности

In beiden Fällen ist es sowohl reaktionär als auch utopisch

И в том, и в другом случае она реакционна и утопична

Seine letzten Worte lauten: Korporativzünfte für die Manufaktur, patriarchalische Verhältnisse in der Landwirtschaft

Его последние слова: корпоративные гильдии для мануфактуры, патриархальные отношения в сельском хозяйстве

Schließlich, als hartnäckige historische Tatsachen alle berauschenden Wirkungen der Selbsttäuschung zerstreut hatten,

В конце концов, когда упрямые исторические факты рассеяли все опьяняющие эффекты самообмана

diese Form des Sozialismus endete in einem elenden Anfall von Mitleid

эта форма социализма закончилась жалким припадком жалости

c) Deutscher oder "wahrer" Sozialismus
в) Немецкий, или «истинный», социализм

Die sozialistische und kommunistische Literatur Frankreichs entstand unter dem Druck einer herrschenden Bourgeoisie
Социалистическая и коммунистическая литература Франции возникла под давлением буржуазии, находившейся у власти

Und diese Literatur war der Ausdruck des Kampfes gegen diese Macht
И эта литература была выражением борьбы против этой власти

sie wurde in Deutschland zu einer Zeit eingeführt, als die Bourgeoisie gerade ihren Kampf mit dem feudalen Absolutismus begonnen hatte
он был введен в Германии в то время, когда буржуазия только начинала борьбу с феодальным абсолютизмом

Deutsche Philosophen, Möchtegern-Philosophen und Beaux Esprits griffen begierig zu dieser Literatur
Немецкие философы, будущие философы и красавицы жадно хватались за эту литературу

aber sie vergaßen, daß die Schriften aus Frankreich nach Deutschland einwanderten, ohne die französischen Gesellschaftsverhältnisse mitzubringen
но они забыли, что эти произведения иммигрировали из Франции в Германию, не принеся с собой французских социальных условий

Im Kontakt mit den deutschen gesellschaftlichen Verhältnissen verlor diese französische Literatur ihre unmittelbare praktische Bedeutung
Соприкасаясь с немецкими социальными условиями, эта французская литература теряла всякое свое непосредственное практическое значение

und die kommunistische Literatur Frankreichs nahm in deutschen akademischen Kreisen einen rein literarischen Aspekt an

коммунистическая литература Франции приняла чисто литературный характер в немецких академических кругах

So waren die Forderungen der ersten Französischen Revolution nichts anderes als die Forderungen der "praktischen Vernunft"

Таким образом, требования первой французской революции были не чем иным, как требованиями «практического разума»

und die Willensäußerung der revolutionären französischen Bourgeoisie bedeutete in ihren Augen das Gesetz des reinen Willens

и волеизъявление революционной французской буржуазии означало в их глазах закон чистой воли

es bedeutete den Willen, wie er sein mußte; des wahren menschlichen Willens überhaupt

оно означало Волю, какой она должна была быть; истинной человеческой Воли вообще

Die Welt der deutschen Literaten bestand einzig und allein darin, die neuen französischen Ideen mit ihrem alten philosophischen Gewissen in Einklang zu bringen

Мир немецких литераторов состоял исключительно в том, чтобы привести новые французские идеи в гармонию с их древним философским сознанием

oder vielmehr, sie annektierten die französischen Ideen, ohne ihren eigenen philosophischen Standpunkt aufzugeben

или, вернее, они аннексировали французские идеи, не отказываясь от своей собственной философской точки зрения

Diese Annexion vollzog sich auf die gleiche Weise, wie man sich eine Fremdsprache aneignet, nämlich durch Übersetzung

Эта аннексия произошла тем же способом, каким присваивается иностранный язык, а именно путем перевода

Es ist bekannt, wie die Mönche alberne Leben katholischer Heiliger über Manuskripte schrieben

Хорошо известно, как монахи писали над рукописями глупые жития католических святых

die Manuskripte, auf denen die klassischen Werke des antiken Heidentums geschrieben waren

рукописи, на которых были написаны классические труды древнего язычества

Die deutschen Literaten kehrten diesen Prozess mit der profanen französischen Literatur um

Немецкие литераторы обратили этот процесс вспять с помощью профанной французской литературы

Sie schrieben ihren philosophischen Unsinn unter das französische Original

Они написали свой философский бред под французским оригиналом

Zum Beispiel schrieben sie unter der französischen Kritik an den ökonomischen Funktionen des Geldes "Entfremdung der Menschheit"

Например, под французской критикой экономических функций денег они написали «Отчуждение человечества»

unter die französische Kritik am Bourgeoisie Staat schrieben sie "Entthronung der Kategorie des Generals"

под французской критикой буржуазного государства они писали «свержение категории генерала»

Die Einführung dieser philosophischen Phrasen hinter der französischen Geschichtskritik nannten sie:

Введение этих философских фраз в конце французской исторической критики они окрестили:

"Philosophie des Handelns", "Wahrer Sozialismus", "Deutsche Sozialismuswissenschaft", "Philosophische Grundlagen des Sozialismus" und so weiter

«Философия действия», «Истинный социализм», «Немецкая наука о социализме», «Философское обоснование социализма» и т. д

Die französische sozialistische und kommunistische Literatur wurde damit völlig entmannt

Таким образом, французская социалистическая и коммунистическая литература была полностью выхолощена

in den Händen der deutschen Philosophen hörte sie auf, den Kampf der einen Klasse mit der anderen auszudrücken

в руках немецких философов оно перестало выражать борьбу одного класса с другим

und so fühlten sich die deutschen Philosophen bewußt, die "französische Einseitigkeit" überwunden zu haben

Таким образом, немецкие философы сознавали, что преодолели «французскую односторонность»

Sie musste keine wahren Forderungen repräsentieren, sondern sie repräsentierte Forderungen der Wahrheit

Она не должна была представлять истинные требования, скорее, она представляла требования истины

es gab kein Interesse am Proletariat, sondern an der menschlichen Natur

не было интереса к пролетариату, скорее, был интерес к человеческой природе

das Interesse galt dem Menschen überhaupt, der keiner Klasse angehört und keine Wirklichkeit hat

интерес был к человеку вообще, который не принадлежит ни к какому классу и не имеет реальности

ein Mann, der nur im nebligen Reich der philosophischen Fantasie existiert

Человек, существующий только в туманном царстве философской фантазии

aber schließlich verlor auch dieser deutsche Schulsozialismus seine pedantische Unschuld

но в конце концов и этот школьный немецкий социализм утратил свою педантичную невинность

die deutsche Bourgeoisie und besonders die preußische Bourgeoisie kämpfte gegen die feudale Aristokratie

немецкая буржуазия, и особенно прусская буржуазия, боролась против феодальной аристократии

auch die absolute Monarchie Deutschlands und Preußens wurde bekämpft

против абсолютной монархии Германии и Пруссии также велась борьба

Und im Gegenzug wurde auch die Literatur der liberalen Bewegung ernster

А литература либерального движения, в свою очередь, также стала более серьезной

Deutschlands lang ersehnte Chance auf einen "wahren" Sozialismus wurde geboten

Германии была предложена долгожданная возможность для «настоящего» социализма

die Möglichkeit, die politische Bewegung mit den sozialistischen Forderungen zu konfrontieren

возможность противопоставить политическое движение социалистическим требованиям

die Gelegenheit, die traditionellen Bannsprüche gegen den Liberalismus zu schleudern

возможность обрушить традиционные анафемы на либерализм

die Möglichkeit, die repräsentative Regierung und die Bourgeoisie Konkurrenz anzugreifen

возможность нападать на представительное правительство и конкуренцию буржуазии

Pressefreiheit der Bourgeoisie, Bourgeoisie Gesetzgebung, Bourgeoisie Freiheit und Gleichheit

Буржуазия свобода печати, буржуазное законодательство, буржуазия свобода и равенство

All dies könnte nun in der realen Welt kritisiert werden, anstatt in der Fantasie

Все это теперь можно было критиковать в реальном мире, а не в фантазиях

Feudalaristokratie und absolute Monarchie hatten den Massen lange gepredigt

Феодальная аристократия и абсолютная монархия издавна проповедовали массам

"Der Arbeiter hat nichts zu verlieren und er hat alles zu gewinnen"

«Трудящемуся нечего терять, и он все приобретает»

auch die Bourgeoisie bewegung bot eine Chance, sich mit diesen Plattitüden auseinanderzusetzen

Буржуазное движение также дало шанс противостоять этим банальностям

die französische Kritik setzte die Existenz der modernen Bourgeoisie Gesellschaft voraus

французская критика предполагала существование современного буржуазного общества

Bourgeoisie, ökonomische Existenzbedingungen und Bourgeoisie politische Verfassung

Экономические условия существования буржуазии и политическая конституция буржуазии

gerade die Dinge, deren Errungenschaft Gegenstand des in Deutschland anstehenden Kampfes war

те самые вещи, достижение которых было целью предстоящей борьбы в Германии

Deutschlands albernes Echo des Sozialismus hat diese Ziele gerade noch rechtzeitig aufgegeben

Глупое эхо социализма в Германии отказалось от этих целей в самый последний момент

Die absoluten Regierungen hatten ihre Gefolgschaft aus Pfarrern, Professoren, Landjunkern und Beamten

Абсолютные правительства имели своих последователей в лице священников, профессоров, сельских сквайров и чиновников

die damalige Regierung begegnete den deutschen Arbeiteraufständen mit Auspeitschungen und Kugeln

тогдашнее правительство встречало восстания немецкого рабочего класса порками и пулями

ihnen diente dieser Sozialismus als willkommene Vogelscheuche gegen die drohende Bourgeoisie

для них этот социализм служил желанным пугалом против угрожающей буржуазии

und die deutsche Regierung konnte nach den bitteren Pillen, die sie austeilte, ein süßes Dessert anbieten

и немецкое правительство смогло предложить сладкий десерт после горьких пилюль, которые оно раздавало

dieser "wahre" Sozialismus diente also den Regierungen als Waffe im Kampf gegen die deutsche Bourgeoisie

Таким образом, этот «истинный» социализм служил правительствам оружием в борьбе с германской буржуазией

und gleichzeitig repräsentierte sie direkt ein reaktionäres Interesse; die der deutschen Philister

и в то же время она прямо представляла реакционный интерес; У немецких филистимлян

In Deutschland ist das Kleinbourgeoisie die wirkliche gesellschaftliche Grundlage des bestehenden Zustandes

В Германии класс мелкой буржуазии является действительной социальной основой существующего положения вещей

Ein Relikt des sechzehnten Jahrhunderts, das immer wieder in verschiedenen Formen auftaucht

Пережиток шестнадцатого века, который постоянно всплывает в различных формах

Diese Klasse zu bewahren bedeutet, den bestehenden Zustand in Deutschland zu bewahren

Сохранить этот класс — значит сохранить существующее положение вещей в Германии

Die industrielle und politische Vorherrschaft der Bourgeoisie bedroht das KleinBourgeoisie mit der sicheren Vernichtung

Промышленное и политическое господство буржуазии грозит мелкой буржуазии верной гибелью

auf der einen Seite droht sie das Kleinbourgeoisiedurch die Konzentration des Kapitals zu vernichten

с одной стороны, она грозит уничтожением мелкой буржуазии путем концентрации капитала

auf der anderen Seite droht die Bourgeoisie, sie durch den Aufstieg eines revolutionären Proletariats zu zerstören

с другой стороны, буржуазия грозит погубить ее подъемом революционного пролетариата

Der "wahre" Sozialismus schien diese beiden Fliegen mit einer Klappe zu schlagen. Es breitete sich wie eine Epidemie aus

«Настоящий» социализм оказался для того, чтобы убить этих двух зайцев одним выстрелом. Она распространялась как эпидемия

Das Gewand spekulativer Spinnweben, bestickt mit Blumen der Rhetorik, durchtränkt vom Tau kränklicher Gefühle

Одеяние спекулятивной паутины, расшитое цветами риторики, пропитанное росой болезненных сантиментов

dieses transzendentale Gewand, in das die deutschen Sozialisten ihre traurigen "ewigen Wahrheiten" hüllten

это трансцендентное одеяние, в которое немецкие социалисты завернули свои жалкие «вечные истины»

alle Haut und Knochen, dienten dazu, den Absatz ihrer Waren bei einem solchen Publikum wunderbar zu vermehren.

кожа и кости, послужили для того, чтобы чудесным образом увеличить продажу своих товаров среди такой публики

Und der deutsche Sozialismus seinerseits erkannte mehr und mehr seine eigene Berufung

Со своей стороны, немецкий социализм все больше и больше признавал свое призвание

sie war berufen, die bombastische Vertreterin des Kleinbourgeoisie Philisters zu sein

его называли напыщенным представителем мещанского мещанина

Sie proklamierte die deutsche Nation als Musternation und den deutschen Kleinphilister als Mustermann

Она провозглашала немецкую нацию образцовой нацией, а немецкого мелкого мещанина — образцовым человеком

Jeder schurkischen Gemeinheit dieses Mustermenschen gab sie eine verborgene, höhere, sozialistische Deutung

Каждой злодейской подлости этого образцового человека она давала скрытое, более высокое, социалистическое толкование

diese höhere, sozialistische Deutung war das genaue Gegenteil ihres wirklichen Charakters

это высшее, социалистическое толкование было полной противоположностью его действительному характеру

Sie ging so weit, sich der "brutal destruktiven" Tendenz des Kommunismus direkt entgegenzustellen

Она дошла до крайности, прямо выступив против «жестоко разрушительной» тенденции коммунизма

und sie proklamierte ihre höchste und unparteiische Verachtung aller Klassenkämpfe

и она провозглашала свое величайшее и беспристрастное презрение ко всякой классовой борьбе

Mit sehr wenigen Ausnahmen gehören alle sogenannten sozialistischen und kommunistischen Publikationen, die jetzt (1847) in Deutschland zirkulieren, in den Bereich dieser üblen und entnervenden Literatur

За очень немногими исключениями, все так называемые социалистические и коммунистические издания, которые теперь (1847 г.) распространяются в Германии, принадлежат к области этой грязной и изнуряющей литературы

2) Konservativer Sozialismus oder bürgerlicher Sozialismus
2) Консервативный социализм, или буржуазный социализм

Ein Teil der Bourgeoisie will soziale Missstände beseitigen
Часть буржуазии желает загладить социальные обиды
um den Fortbestand der Bourgeoisie Gesellschaft zu sichern
для того, чтобы обеспечить дальнейшее существование
буржуазного общества
**Zu dieser Sektion gehören Ökonomen, Philanthropen,
Menschenfreunde**
К этой секции относятся экономисты, меценаты,
гуманитарии
**Verbesserer der Lage der Arbeiterklasse und Organisatoren
der Wohltätigkeit**
улучшатели положения рабочего класса и организаторы
благотворительности
**Mitglieder von Gesellschaften zur Verhütung von
Tierquälerei**
члены обществ по предотвращению жестокого обращения
с животными
**Mäßigkeitsfanatiker, Loch-und-Ecken-Reformer aller
erdenklichen Art**
Фанатики трезвости, реформаторы всех мыслимых и
немыслимых
**Diese Form des Sozialismus ist überdies zu vollständigen
Systemen ausgearbeitet worden**
Более того, эта форма социализма превратилась в
законченные системы
**Als Beispiel für diese Form sei Proudhons "Philosophie de
la Misère" angeführt**
В качестве примера можно привести «Философию
отверженности» Прудона
**Die sozialistische Bourgeoisie will alle Vorteile der
modernen gesellschaftlichen Verhältnisse**

Социалистическая буржуазия хочет использовать все преимущества современных общественных условий

aber die sozialistische Bourgeoisie will nicht unbedingt die daraus resultierenden Kämpfe und Gefahren

Но социалистическая буржуазия не обязательно хочет борьбы и опасностей

Sie wollen den bestehenden Zustand der Gesellschaft, abzüglich ihrer revolutionären und zerfallenden Elemente

Они желают существующего состояния общества, за вычетом его революционных и разлагающих элементов

mit anderen Worten, sie wünschen sich eine Bourgeoisie ohne Proletariat

другими словами, они хотят буржуазии без пролетариата

Die Bourgeoisie begreift natürlich die Welt, in der sie die höchste ist, die Beste zu sein

Буржуазия, естественно, представляет себе мир, в котором она превыше всего, быть лучшей

und der Bourgeoisie Sozialismus entwickelt diese bequeme Auffassung zu verschiedenen mehr oder weniger vollständigen Systemen

и буржуазный социализм развивает эту удобную концепцию в различные более или менее законченные системы

sie wünschen sich sehr, dass das Proletariat geradewegs in das soziale Neue Jerusalem marschiert

они очень хотели бы, чтобы пролетариат немедленно двинулся в социальный Новый Иерусалим

Aber in Wirklichkeit verlangt sie, dass das Proletariat innerhalb der Grenzen der bestehenden Gesellschaft bleibt

Но в действительности она требует, чтобы пролетариат оставался в рамках существующего общества

sie fordern das Proletariat auf, alle seine hasserfüllten Ideen über die Bourgeoisie abzulegen

они требуют от пролетариата отбросить все свои ненавистные идеи о буржуазии

es gibt eine zweite, praktischere, aber weniger systematische Form dieses Sozialismus

есть и вторая, более практическая, но менее систематическая форма этого социализма

Diese Form des Sozialismus versuchte, jede revolutionäre Bewegung in den Augen der Arbeiterklasse abzuwerten

Эта форма социализма стремилась обесценить всякое революционное движение в глазах рабочего класса

Sie argumentieren, dass keine bloße politische Reform für sie von Vorteil sein könnte

Они утверждают, что никакая политическая реформа не может принести им никакой пользы

nur eine Veränderung der materiellen Existenzbedingungen in den wirtschaftlichen Beziehungen ist von Nutzen

Только изменение материальных условий существования в экономических отношениях приносит пользу

Wie der Kommunismus tritt auch diese Form des Sozialismus für eine Veränderung der materiellen Existenzbedingungen ein

Как и коммунизм, эта форма социализма выступает за изменение материальных условий существования

Diese Form des Sozialismus bedeutet jedoch keineswegs, dass die Bourgeoisie Produktionsverhältnisse abgeschafft werden

Однако эта форма социализма отнюдь не предполагает уничтожения буржуазных производственных отношений

die Abschaffung der Bourgeoisie Produktionsverhältnisse kann nur durch eine Revolution erreicht werden

уничтожение буржуазных производственных отношений может быть достигнуто только путем революции

Doch statt einer Revolution schlägt diese Form des Sozialismus Verwaltungsreformen vor

Но вместо революции эта форма социализма предлагает административные реформы

und diese Verwaltungsreformen würden auf dem Fortbestand dieser Beziehungen beruhen

И эти административные реформы будут основываться на продолжении этих отношений

Reformen, die in keiner Weise die Beziehungen zwischen Kapital und Arbeit berühren

Таким образом, реформы, которые ни в коей мере не затрагивают отношений между капиталом и трудом

im besten Fall verringern solche Reformen die Kosten und vereinfachen die Verwaltungsarbeit der Bourgeoisie Regierung

в лучшем случае такие реформы уменьшают издержки и упрощают административную работу буржуазного правительства

Der Bourgeoisie Sozialismus kommt dann und nur dann adäquat zum Ausdruck, wenn er zur bloßen Redewendung wird

Буржуазный социализм достигает адекватного выражения тогда и только тогда, когда он становится простой фигурой речи

Freihandel: zum Wohle der Arbeiterklasse

Свободная торговля: на благо рабочего класса

Schutzpflichten: zum Wohle der Arbeiterklasse

Протекционистские пошлины: в пользу рабочего класса

Gefängnisreform: zum Wohle der Arbeiterklasse

Тюремная реформа: на благо рабочего класса

Das ist das letzte Wort und das einzig ernst gemeinte Wort des Bourgeoisie Sozialismus

Это последнее и единственное серьезное слово буржуазного социализма

Sie ist in dem Satz zusammengefasst: Die Bourgeoisie ist eine Bourgeoisie zum Wohle der Arbeiterklasse

Она резюмируется фразой: буржуазия есть буржуазия на благо рабочего класса

3) Kritisch-utopischer Sozialismus und Kommunismus
3) Критико-утопический социализм и коммунизм

Wir beziehen uns hier nicht auf jene Literatur, die den Forderungen des Proletariats immer eine Stimme gegeben hat
Мы не говорим здесь о той литературе, которая всегда выражала требования пролетариата
dies war in jeder großen modernen Revolution vorhanden, wie z. B. in den Schriften von Babeuf und anderen
Это присутствовало во всех великих революциях Нового времени, таких как труды Бабефа и других
Die ersten unmittelbaren Versuche des Proletariats, seine eigenen Ziele zu erreichen, scheiterten notwendigerweise
Первые прямые попытки пролетариата достичь своих целей неизбежно потерпели неудачу
Diese Versuche wurden in Zeiten allgemeiner Aufregung unternommen, als die feudale Gesellschaft gestürzt wurde
Эти попытки предпринимались во времена всеобщего волнения, когда происходило свержение феодального общества
Der damals noch unterentwickelte Zustand des Proletariats führte zum Scheitern dieser Versuche
Неразвитое в то время состояние пролетариата привело к тому, что эти попытки потерпели неудачу
und sie scheiterten am Fehlen der wirtschaftlichen Voraussetzungen für ihre Emanzipation
И они потерпели неудачу из-за отсутствия экономических условий для его эмансипации
Bedingungen, die erst noch geschaffen werden mussten und die durch die bevorstehende Epoche der Bourgeoisie allein hervorgebracht werden konnten
условия, которые еще предстояло создать и которые могли быть созданы одной только надвигающейся эпохой буржуазии

Die revolutionäre Literatur, die diese ersten Bewegungen des Proletariats begleitete, hatte notwendigerweise einen reaktionären Charakter

Революционная литература, сопровождавшая эти первые движения пролетариата, неизбежно носила реакционный характер

Diese Literatur schärfte universelle Askese und soziale Nivellierung in ihrer gröbsten Form ein

Эта литература насаждала всеобщий аскетизм и социальную уравниловку в самой грубой форме

Die sozialistischen und kommunistischen Systeme, die man eigentlich so nennt, entstehen in der frühen unentwickelten Periode

Социалистическая и коммунистическая системы, собственно говоря, возникают в ранний неразвитый период

Saint-Simon, Fourier, Owen und andere beschrieben den Kampf zwischen Proletariat und Bourgeoisie (siehe Abschnitt 1)

Сен-Симон, Фурье, Оуэн и др. описали борьбу между пролетариатом и буржуазией (см. раздел 1)

Die Begründer dieser Systeme sehen in der Tat die Klassengegensätze

Основатели этих систем действительно видят классовые антагонизмы

Sie sehen auch das Wirken der sich zersetzenden Elemente in der herrschenden Gesellschaftsform

Они видят также действие разлагающихся элементов в господствующей форме общества

Aber das Proletariat, das noch in den Kinderschuhen steckt, bietet ihnen das Schauspiel einer Klasse ohne jede historische Initiative

Но пролетариат, еще находящийся в зачаточном состоянии, представляет для них зрелище класса, лишенного всякой исторической инициативы

Sie sehen das Schauspiel einer sozialen Klasse ohne unabhängige politische Bewegung

Они видят зрелище социального класса без какого-либо независимого политического движения

Die Entwicklung des Klassengegensatzes hält mit der Entwicklung der Industrie Schritt

Развитие классового антагонизма идет в ногу с развитием промышленности

Die ökonomische Lage bietet ihnen also noch nicht die materiellen Bedingungen für die Befreiung des Proletariats

Таким образом, экономическое положение еще не дает им материальных условий для освобождения пролетариата

Sie suchen also nach einer neuen Sozialwissenschaft, nach neuen sozialen Gesetzen, die diese Bedingungen schaffen sollen

Поэтому они ищут новую общественную науку, новые социальные законы, которые должны создать эти условия

historisches Handeln besteht darin, sich ihrem persönlichen erfinderischen Handeln zu beugen

историческое действие состоит в том, чтобы уступить их личному изобретательскому действию

Historisch geschaffene Emanzipationsbedingungen sollen phantastischen Verhältnissen weichen

исторически сложившиеся условия эмансипации должны уступить место фантастическим условиям

und die allmähliche, spontane Klassenorganisation des Proletariats soll der Organisation der Gesellschaft weichen

и постепенная, стихийная классовая организация пролетариата должна уступить место организации общества

die Organisation der Gesellschaft, die von diesen Erfindern eigens ersonnen wurde

Организация общества, специально придуманная этими изобретателями

Die zukünftige Geschichte löst sich in ihren Augen in die Propaganda und die praktische Durchführung ihrer sozialen Pläne auf

Будущая история сводится в их глазах к пропаганде и практическому осуществлению их социальных планов

Bei der Ausarbeitung ihrer Pläne sind sie sich bewußt, daß sie sich in erster Linie um die Interessen der Arbeiterklasse kümmern

При формировании своих планов они сознают, что заботятся главным образом об интересах рабочего класса

Nur unter dem Gesichtspunkt, die leidendste Klasse zu sein, existiert das Proletariat für sie

Только с точки зрения того, что пролетариат является наиболее страдающим классом, существует для них только с точки зрения того, что он является наиболее страдающим классом

Der unentwickelte Zustand des Klassenkampfes und ihre eigene Umgebung prägen ihre Meinungen

Неразвитое состояние классовой борьбы и их собственное окружение формируют их мнения

Sozialisten dieser Art halten sich allen Klassengegensätzen weit überlegen

Социалисты такого рода считают себя гораздо выше всех классовых антагонизмов

Sie wollen die Lage jedes Mitglieds der Gesellschaft verbessern, auch die der Begünstigten

Они хотят улучшить положение каждого члена общества, даже самых привилегированных

Daher appellieren sie gewöhnlich an die Gesellschaft als Ganzes, ohne Unterschied der Klasse

Поэтому они обычно апеллируют к обществу в целом, без различия классов

Ja, sie appellieren an die Gesellschaft als Ganzes, indem sie die herrschende Klasse bevorzugen

Более того, они апеллируют к обществу в целом, отдавая предпочтение правящему классу

Für sie ist alles, was es braucht, dass andere ihr System verstehen

Для них все, что требуется, это чтобы другие поняли их систему

Denn wie können die Menschen nicht erkennen, dass der bestmögliche Plan für den bestmöglichen Zustand der Gesellschaft ist?

Потому что как люди могут не видеть, что наилучший возможный план – это наилучшее возможное состояние общества?

Daher lehnen sie jede politische und vor allem jede revolutionäre Aktion ab

Поэтому они отвергают всякое политическое, а тем более революционное действие

Sie wollen ihre Ziele mit friedlichen Mitteln erreichen

Они хотят достичь своих целей мирными средствами

Sie bemühen sich durch kleine Experimente, die notwendigerweise zum Scheitern verurteilt sind

Они пытаются с помощью небольших экспериментов, которые неизбежно обречены на неудачу

und durch die Kraft des Beispiels versuchen sie, den Weg für das neue soziale Evangelium zu ebnen

и силой примера они пытаются проложить путь новому социальному Евангелию

Welch phantastische Bilder von der zukünftigen Gesellschaft, gemalt in einer Zeit, in der sich das Proletariat noch in einem sehr unterentwickelten Zustand befindet

Такие фантастические картины будущего общества, нарисованные в то время, когда пролетариат находится еще в очень неразвитом состоянии

und sie hat immer noch nur eine phantastische Vorstellung von ihrer eigenen Stellung

И она все еще имеет лишь фантастическое представление о своем собственном положении

aber ihre ersten instinktiven Sehnsüchte entsprechen den Sehnsüchten des Proletariats

Но их первые инстинктивные стремления совпадают со стремлениями пролетариата

Beide sehnen sich nach einem allgemeinen Umbau der Gesellschaft

И те, и другие стремятся к всеобщему переустройству общества

Aber diese sozialistischen und kommunistischen Veröffentlichungen enthalten auch ein kritisches Element

Но в этих социалистических и коммунистических изданиях есть и критический элемент

Sie greifen jedes Prinzip der bestehenden Gesellschaft an

Они нападают на все принципы существующего общества

Daher sind sie voll von den wertvollsten Materialien für die Aufklärung der Arbeiterklasse

Поэтому они полны ценнейших материалов для просвещения рабочего класса

Sie schlagen die Abschaffung der Unterscheidung zwischen Stadt und Land und der Familie vor

Они предлагают упразднить различие между городом и деревней, а также семьей

die Abschaffung des Gewerbetreibens für Rechnung von Privatpersonen

Отмена ведения промышленности за счет частных лиц

und die Abschaffung des Lohnsystems und die Proklamation des sozialen Friedens

отмена системы наемного труда и провозглашение социальной гармонии

die Verwandlung der Funktionen des Staates in eine bloße Aufsicht über die Produktion

превращение функций государства в простой надзор за производством

Alle diese Vorschläge deuten einzig und allein auf das Verschwinden der Klassengegensätze hin

Все эти предложения указывают исключительно на исчезновение классовых антагонизмов

Klassengegensätze waren damals gerade erst im Entstehen begriffen

Классовые антагонизмы в то время только зарождались

In diesen Veröffentlichungen werden diese Klassengegensätze nur in ihren frühesten, undeutlichen und unbestimmten Formen anerkannt

В этих публикациях эти классовые антагонизмы признаются лишь в самых ранних, неясных и неопределенных формах

Diese Vorschläge haben also rein utopischen Charakter

Поэтому эти предложения носят чисто утопический характер

Die Bedeutung des kritisch-utopischen Sozialismus und des Kommunismus steht in einem umgekehrten Verhältnis zur historischen Entwicklung

Значение критико-утопического социализма и коммунизма находится в обратном отношении к историческому развитию

Der moderne Klassenkampf wird sich entwickeln und weiter konkrete Gestalt annehmen

Современная классовая борьба будет развиваться и принимать определенные очертания

Dieses fantastische Ansehen des Wettbewerbs wird jeden praktischen Wert verlieren

Это фантастическое положение в конкурсе потеряет всякую практическую ценность

Diese phantastischen Angriffe auf die Klassengegensätze verlieren jede theoretische Rechtfertigung

Эти фантастические нападки на классовые антагонизмы потеряют всякое теоретическое обоснование

Die Urheber dieser Systeme waren in vielerlei Hinsicht revolutionär

Создатели этих систем были во многих отношениях революционерами

Aber ihre Jünger haben in jedem Fall bloße reaktionäre Sekten gebildet

Но их ученики во всех случаях образовывали просто реакционные секты

Sie halten an den ursprünglichen Ansichten ihrer Meister fest

Они крепко держатся за первоначальные взгляды своих хозяев

Aber diese Anschauungen stehen im Gegensatz zur fortschreitenden geschichtlichen Entwicklung des Proletariats

Но эти взгляды противоречат прогрессивному историческому развитию пролетариата

Sie bemühen sich daher, und zwar konsequent, den Klassenkampf abzustumpfen

Поэтому они стараются, и притом последовательно, заглушить классовую борьбу

Und sie bemühen sich konsequent, die Klassengegensätze zu versöhnen

И они последовательно стремятся примирить классовые антагонизмы

Noch träumen sie von der experimentellen Umsetzung ihrer gesellschaftlichen Utopien

Они все еще мечтают об экспериментальной реализации своих социальных утопий

sie träumen immer noch davon, isolierte "Phalanster" zu gründen und "Heimatkolonien" zu gründen

они до сих пор мечтают основать разрозненные "фаланстеры" и основать "Метрополии"

sie träumen davon, eine "Kleine Ikaria" zu errichten – Duodecimo-Ausgaben des Neuen Jerusalem

они мечтают учредить «Малую Икарию» — duodecimo издания Нового Иерусалима

Und sie träumen davon, all diese Luftschlösser zu verwirklichen

И они мечтают реализовать все эти воздушные замки

Sie sind gezwungen, an die Gefühle und den Geldbeutel der Bourgeoisie zu appellieren

Они вынуждены взывать к чувствам и кошелькам буржуа

Nach und nach sinken sie in die Kategorie der oben dargestellten reaktionären konservativen Sozialisten

Постепенно они опускаются в категорию реакционных консервативных социалистов, о которых говорилось выше

sie unterscheiden sich von diesen nur durch systematischere Pedanterie

Они отличаются от них только более систематической педантичностью

und sie unterscheiden sich durch ihren fanatischen und abergläubischen Glauben an die Wunderwirkungen ihrer Sozialwissenschaft

И они отличаются своей фанатичной и суеверной верой в чудодейственные эффекты своей социальной науки

Sie widersetzen sich daher gewaltsam jeder politischen Aktion der Arbeiterklasse

Поэтому они яростно противостоят всякому политическому выступлению рабочего класса

ein solches Handeln kann ihrer Meinung nach nur aus blindem Unglauben an das neue Evangelium resultieren

такое действие, по их мнению, может быть результатом только слепого неверия в новое Евангелие

Die Owenisten in England und die Fourieristen in Frankreich stehen den Chartisten und den "Réformisten" entgegen

Оуэнисты в Англии и фурьеристы во Франции противостоят соответственно чартистам и реформистам

**Stellung der Kommunisten zu den verschiedenen
bestehenden Oppositionsparteien**

Позиция коммунистов по отношению к различным
существующим оппозиционным партиям

**Abschnitt II hat die Beziehungen der Kommunisten zu den
bestehenden Arbeiterparteien deutlich gemacht**

Раздел II разъяснил отношение коммунистов к
существующим рабочим партиям

**wie die Chartisten in England und die Agrarreformer in
Amerika**

таких, как чартисты в Англии и аграрные реформаторы в
Америке

**Die Kommunisten kämpfen für die Erreichung der
unmittelbaren Ziele**

Коммунисты борются за достижение ближайших целей

**Sie kämpfen für die Durchsetzung der momentanen
Interessen der Arbeiterklasse**

Они борются за навязание сиюминутных интересов
рабочего класса

**Aber in der politischen Bewegung der Gegenwart
repräsentieren und kümmern sie sich auch um die Zukunft
dieser Bewegung**

Но в политическом движении настоящего они также
представляют и заботятся о будущем этого движения

**In Frankreich verbünden sich die Kommunisten mit den
Sozialdemokraten**

Во Франции коммунисты объединяются с социал-
демократами

**und sie positionieren sich gegen die konservative und
radikale Bourgeoisie**

и они противопоставляют себя консервативной и
радикальной буржуазии

**sie behalten sich jedoch das Recht vor, eine kritische
Position gegenüber Phrasen und Illusionen einzunehmen,
die traditionell aus der großen Revolution überliefert sind**

однако они оставляют за собой право занимать
критическую позицию по отношению к фразам и
иллюзиям, традиционно унаследованным от великой
революции

**In der Schweiz unterstützt man die Radikalen, ohne dabei
aus den Augen zu verlieren, dass diese Partei aus
antagonistischen Elementen besteht**

В Швейцарии они поддерживают радикалов, не упуская
из виду, что эта партия состоит из антагонистических
элементов

**teils von demokratischen Sozialisten im französischen
Sinne, teils von radikaler Bourgeoisie**

частью демократических социалистов во французском
смысле, частью радикальной буржуазии

**In Polen unterstützen sie die Partei, die auf einer
Agrarrevolution als Hauptbedingung für die nationale
Emanzipation beharrt**

В Польше они поддерживают партию, которая настаивает
на аграрной революции как на первом условии
национального освобождения

**jene Partei, die 1846 den Krakauer Aufstand angezettelt
hatte**

та партия, которая разжигала восстание в Кракове в 1846
году

**In Deutschland kämpft man mit der Bourgeoisie, wenn sie
revolutionär handelt**

В Германии борются с буржуазией всякий раз, когда она
действует революционно

**gegen die absolute Monarchie, das feudale Eichhörnchen
und das Kleinbourgeoisie**

против абсолютной монархии, феодальной
оруженосности и мелкой буржуазии

**Aber sie hören nicht auf, der Arbeiterklasse auch nur einen
Augenblick lang eine bestimmte Idee einzuflößen**

Но они ни на минуту не перестают внушать рабочему
классу одну конкретную идею

die klarste Erkenntnis des feindlichen Antagonismus zwischen Bourgeoisie und Proletariat

яснейшее признание враждебного антагонизма между буржуазией и пролетариатом

damit die deutschen Arbeiter sofort von den ihnen zur Verfügung stehenden Waffen Gebrauch machen können

чтобы немецкие рабочие могли немедленно пустить в ход имеющееся в их распоряжении оружие

die sozialen und politischen Bedingungen, die die Bourgeoisie mit ihrer Herrschaft notwendigerweise einführen muss

социальные и политические условия, которые буржуазия неизбежно должна ввести вместе со своим господством

der Sturz der reaktionären Klassen in Deutschland ist unvermeidlich

падение реакционных классов в Германии неизбежно

und dann kann der Kampf gegen die Bourgeoisie selbst sofort beginnen

и тогда сразу может начаться борьба с самой буржуазией

Die Kommunisten richten ihre Aufmerksamkeit hauptsächlich auf Deutschland, weil dieses Land am Vorabend einer Bourgeoisie Revolution steht

Коммунисты обращают свое внимание главным образом на Германию, потому что эта страна стоит накануне буржуазной революции

eine Revolution, die unter den fortgeschritteneren Bedingungen der europäischen Zivilisation durchgeführt werden muss

революцию, которая должна быть совершена в более развитых условиях европейской цивилизации

Und sie wird mit einem viel weiter entwickelten Proletariat durchgeführt werden

И она неизбежно будет осуществлена с гораздо более развитым пролетариатом

ein Proletariat, das weiter fortgeschritten war als das Englands im 17. und Frankreichs im 18. Jahrhundert

В XVII веке пролетариат был более передовым, чем в Англии, а в XVIII веке — во Франции

und weil die Bourgeoisie Revolution in Deutschland nur das Vorspiel zu einer unmittelbar folgenden proletarischen Revolution sein wird

и потому, что буржуазная революция в Германии будет лишь прелюдией к непосредственно следующей за ней пролетарской революции

Kurz gesagt, die Kommunisten unterstützen überall jede revolutionäre Bewegung gegen die bestehende soziale und politische Ordnung der Dinge

Короче говоря, коммунисты повсюду поддерживают всякое революционное движение против существующего общественного и политического порядка вещей

In all diesen Bewegungen rücken sie als Leitfrage die Eigentumsfrage in den Vordergrund

Во всех этих движениях они выдвигают, как ведущий вопрос в каждом, вопрос о собственности

unabhängig davon, wie hoch der Entwicklungsstand in diesem Land zu diesem Zeitpunkt ist

Независимо от того, какова степень ее развития в этой стране в данный момент

Schließlich setzen sie sich überall für die Vereinigung und Zustimmung der demokratischen Parteien aller Länder ein

Наконец, они повсюду борются за объединение и согласие демократических партий всех стран

Die Kommunisten verschmähen es, ihre Ansichten und Ziele zu verheimlichen

Коммунисты не стесняются скрывать свои взгляды и цели

Sie erklären offen, dass ihre Ziele nur durch den gewaltsamen Umsturz aller bestehenden gesellschaftlichen Verhältnisse erreicht werden können

Они открыто заявляют, что их цели могут быть достигнуты только насильственным ниспровержением всех существующих общественных строев

Mögen die herrschenden Klassen vor einer kommunistischen Revolution zittern

Пусть господствующие классы трепещут перед коммунистической революцией

Die Proletarier haben nichts zu verlieren als ihre Ketten

Пролетариям нечего терять, кроме своих цепей

Sie haben eine Welt zu gewinnen

У них есть мир, который нужно победить

ARBEITER ALLER LÄNDER, VEREINIGT EUCH!

ПРОЛЕТАРИИ ВСЕХ СТРАН, СОЕДИНЯЙТЕСЬ!

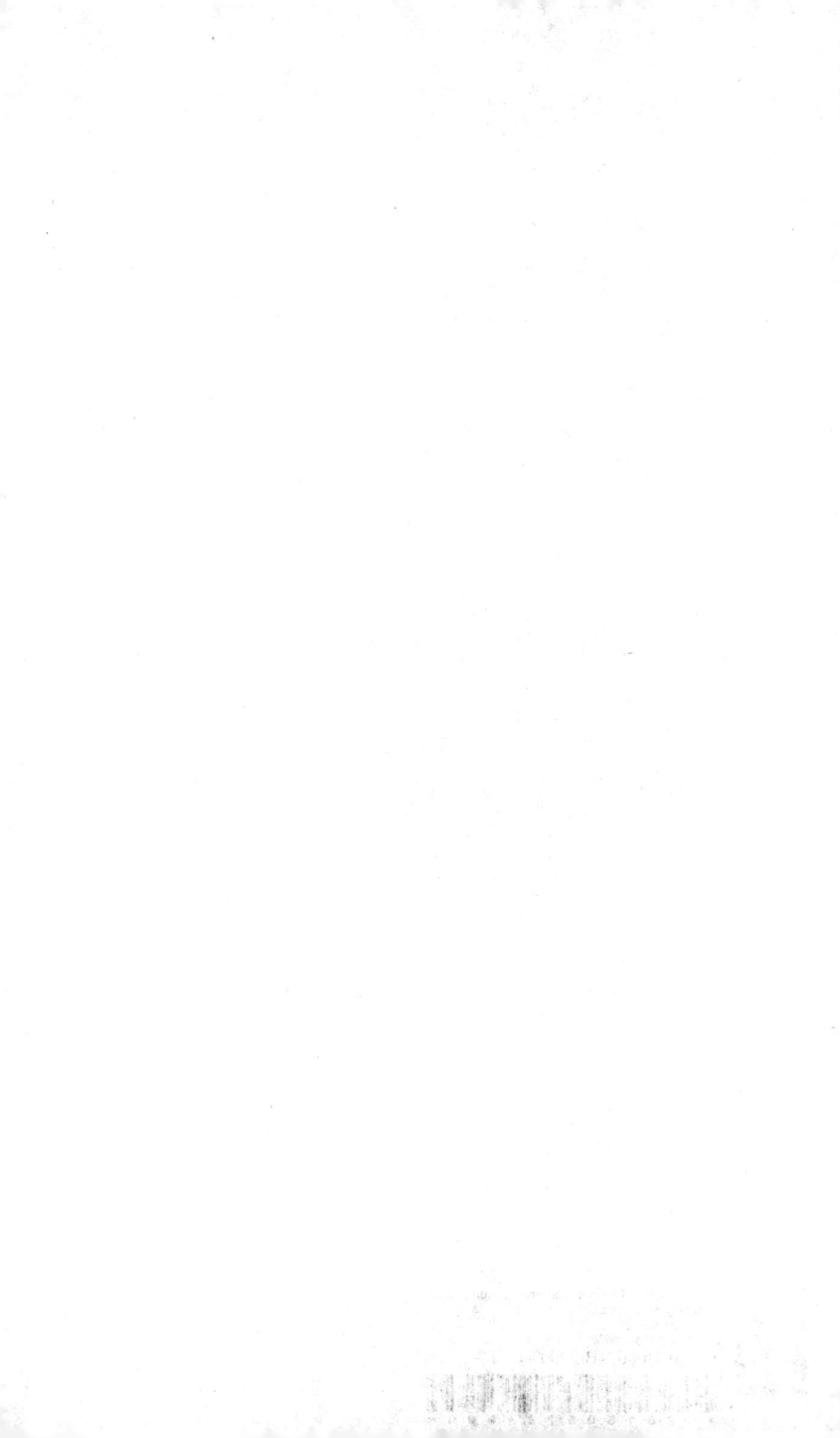

www.ingramcontent.com/pod-product-compliance
Lightning Source LLC
Chambersburg PA
CBHW011735020426
42333CB00024B/2900